Le flux et le fixe

Du même auteur

La musique du XXe siècle, Paris, Librairie Arthème Fayard/Pluriel, 2010.

L'art allemand depuis 1945, Paris, Médiathèque de la cité de la musique, 2003.

L'art dégénéré. Une exposition sous le IIIe Reich (collectif), Paris, Éditions Jacques Bertoin, 1992.

Le nu dans l'art. L'apothéose des corps, Paris, Solar, 2007.

Les musiciens du XIXe siècle, Alleur, Marabout, 1991.

Musée de l'Orangerie. Guide de visite. Versailles/Paris, Artlys, 2006.

Jean-Noël von der Weid

Le flux et le fixe

Peinture et musique

Fayard

En couverture
Philippe Schœller : *Nothing Doors,* 2009.
Glacis huile-térébenthine, huile, crayons sur bois brut,
35 x 34 cm. Coll. privée.

Maquette Josseline Rivière

ISBN : 9782213668550

à Pierre Vallaud

I

Entrée en matières

Les sens pensent

On peut entendre la couleur d'un sourire : l'oreille voit, pense dans la peinture. On peut voir un grincement d'angoisse : l'œil entend, pense dans la musique. Un son peut suggérer une couleur, pendant qu'une couleur peut suggérer un son. Le temps musical est visible, l'espace pictural audible : c'est en ce qui les désaccorde que musique et peinture s'interpénètrent. La vision de *À la villa Farnèse : les deux peupliers**[1], de Pierre Henri de Valenciennes, ainsi, nous ouvre l'espace extérieur ; mais la sonorité retenue et secrète de cette image appelle notre intuition intérieure : le temps s'y répand comme un souffle immobile.

Une telle inversion des principes usuels – musique, art du temps ; peinture, art de l'espace – violente nos horizons. À cet impossible apparent, si mal appris ! notre imaginaire propose des solutions insolentes, donnant la démesure de notre faculté de percevoir et déjouant la ruse des habitudes. Ainsi celle, têtue et radoteuse, qui veut que les œuvres d'art de *valeur* soient issues du granit de la raison raisonnante, et non pas, comble d'audace philosophique ! des sens buisson-

1. Les tableaux dont le titre est suivi d'un astérisque sont référencés en fin d'ouvrage par un cartel contenant, entre autres, un lien internet vers leur reproduction.

niers, de l'œil, de l'oreille ; des sens décloués et indivis, formant moins une association qu'une intrication – pour l'artiste une évidence synesthésique immédiate. La claire alchimie de bruissants œillets ! Pour nous, regardeurs et auditeurs transformés, voir et écouter ainsi cela signifie penser autrement, percevoir autrement. De l'invu et de l'inouï.

Des yeux pour entendre

Fusions et correspondances, analogies ou disparités sont étroites entre ces deux activités, la musique et la peinture, qui du fond des âges furent intimement liées à la vie des hommes.

Dans nombre de cosmogonies des hautes civilisations anciennes, le son est soudain qui crée le monde – celui-ci est donc un son avant d'être une image –, et l'homme naît du son, la première force créatrice ; que ce soit un chant, une parole, un cri ou un hurlement, un soupir, un hoquet ou une toux, un coup de tonnerre, une expectoration ou un vomissement, voire le jeu d'un instrument ; une « *détonation* première » (Wolfgang Rihm) qui deviendra art. En Égypte, à Héliopolis, le Soleil qui chante fonde la création en un cri de lumière. Les mythes chinois de la création décrivent la fusion entre le son et la lumière comme la « lumière de l'oreille ». La musique existait avant qu'elle se manifeste aux hommes : « L'origine du monde, précise Lucie Rault, apparaît comme une conséquence de la mort du chaos, HunDun, percé de flèches fulgurantes, déclenchées par le bruit assourdissant, sept fois répété, des détonations qui ont ouvert ses sens. » Dans l'Inde antique, les Rishi, ces personnages qui ont « reçu » les textes védiques, produisent, par le son entendu de la vérité éternelle, tel un écho, – l'« image blessée du son » pour le poète Virgile –, la première aurore. Dans la Bible, les occurrences sont nombreuses où l'audition l'emporte sur la vision, où l'on voit des voix ; ainsi au Livre de l'Exode (20, 18) : « Tout le peuple, voyant les voix, les flamboiements, la voix du cor et la montagne fumante, frémit et se tint à distance. » Au VIe siècle avant J.-C., le mathématicien, philosophe et rêveur Pythagore assimile les intervalles musicaux à des segments visibles, les étudie en se référant à l'observation d'un monocorde, sans doute de son invention, dont il fait vibrer les différentes parties. Par ailleurs, les « acousmatiques », les auditeurs recevant l'enseignement de cette figure de légende, étaient placés derrière une tenture afin de se mieux concentrer sur la parole du maître, leurs yeux comme des cornets acoustiques lancés à travers l'espace. Et Socrate d'ajouter, selon le témoignage platonicien (*Charmide*) : « Parle, que je puisse te voir. »

(Dans les années 1950, Pierre Schaeffer, inventeur de la musique concrète, reprend le terme « acousmatique » pour désigner une expérience, aujourd'hui banale, qui consiste à entendre des sons dont la cause est invisible ; le magnétophone y jouait le rôle initiatique de la tenture de Pythagore, en créant, écrit Schaeffer non seulement de « nouveaux phénomènes à observer », mais aussi et surtout « de nouvelles conditions d'observation ».)

La voix, du bruit le plus rogue au chant le plus sublime, a une identité sonore unique : elle permet de connaître et de reconnaître ; contrairement à celui de la vision, le champ de l'audition n'est pas limité, quand même l'information que fournit l'ouïe est moins riche que celle que procure la vue ; aujourd'hui la vue, sens hypertrophié, par le zapping ou les webcams, est aussi devenu le plus abstrait, et le plus manipulable.

Plus près de maintenant, un Edgar Degas, que la danse attirait furieusement au Palais Garnier, s'il réduit, dans *L'orchestre de l'Opéra**[1], les ballerines à la portion congrue,

1. Les sons bruissent et claquent dans la fosse d'orchestre, invisible d'ordinaire. Derrière la courbe de la scène, gracieuses et sectionnées, les danseuses, leur immobilité vibrante et lumineuse. Les deux espaces, féerique et naturaliste, perçus successivement par l'œil, qui peut s'y promener, sont reliés par la volute sombre et massive de la contrebasse, ainsi que par la verticale de la harpe. Degas voulut faire le portrait de certains de ses proches, celui surtout de son ami le bassoniste de l'Opéra, Désiré Dihau, assis au premier rang (il jouait d'un basson

et rognée, montre ce qui généralement ne se voit pas, dans la fosse, les musiciens, qui occupent presque tout l'espace insolite du tableau, ainsi davantage sonore que visuel. Plus radical, et après que le Norvégien Munch a dépeint l'horrible du cri*[1], aussitôt visible dans la toile, l'Anglais Francis Bacon choisit de « peindre le cri plutôt que l'horreur ». Pour sa part, balin-balan, Stephen Dedalus, à marée montante, de minuscules vagues chatouillant le ciel, dans *Ulysse* de Joyce, « ferma les yeux pour écouter ses chaussures broyer bruyamment goémon et coquilles... Gare à la claque sur l'oreille ». Enfin Claudel, clairement, d'écrire : « L'œil écoute. » Voilà l'inéluctable particularité de la vue !

Quand l'oreille se prend à observer

La musique peut se transmettre par des moyens optiques : selon une certaine analogie, tout ce qui peut atteindre l'œil peut aussi forcer l'oreille. L'image du son ou l'union synesthésique qui fait de la lumière un bruit ont de tout temps suscité maintes affabulations, spéculations et théories.

---

français du système Jancourt). Dépassant d'une loge d'avant-scène, la tête d'Emmanuel Chabrier, un familier des peintres. Dihau réapparaît, mais plus discret, dans les deux versions (1871, 1876) du ballet de *Robert le Diable*. Degas y reproduit l'extravagant deuxième tableau de l'acte III de l'opéra de Giacomo Meyerbeer, au succès colossal, dans lequel de lumineux et diaphanes fantômes de nonnes damnées, sortant de leur tombe, se livrent à une folle bacchanale, au milieu de ruines dont les trouées appellent le regard.

1. Munch rend visible par la composition l'horreur du cri, lequel, traversant le silence, le dépèce. Des spasmes de courbes déforment l'image, qui à droite plongent dans un gouffre : l'enfer qui est sur le point de phagocyter, malgré la rambarde, le personnage étouffant vainement son cri. Le peintre note, dans l'un de ces poèmes en prose qui accompagne certains de ses tableaux : « Le soleil se coucha – les nuages devinrent rouges – comme le sang. Je ressentis comme un cri transpercer la nature – j'ai cru entendre un cri. J'ai peint ce tableau – peint les nuages comme du vrai sang – les couleurs criaient. » Imaginez-le, lecteur, ce cri, sortant de la bouche, assourdissant et désespéré, discordant, impitoyable et, dans toute la salle du musée, aucune issue en vue.

Saint Bernard, à qui l'on doit une réforme du chant cistercien, écrit : « La vision n'a nulle part à la foi, celle-ci est donnée et entretenue par le ministère de l'ouïe. » Le philosophe grec Anaxagore, selon Plutarque dans ses *Propos de table*, prête aux rayons du soleil un léger sifflement et bruissement qui « font les voix plus malaisées à ouïr le jour » que la nuit. (Aujourd'hui, ce mythe de l'unité vibratoire de l'univers et du monde de l'imperceptible se perpétue en conservant, inconséquemment, le terme de son pour signifier des incarnations vibratoires qui n'ont plus rien à voir avec l'audible, tels les infrasons, les ultrasons et les hypersons.) Virgile, dans l'*Énéide* : « Et l'on voit les hululements des chiennes dans l'ombre. » Quant à Léonard de Vinci, il note dans ses *Carnets* (« Acoustique ») : « L'oreille reçoit les images des sons par des lignes droites, courbes et brisées, et aucune torsion ne peut l'empêcher d'exercer son office. »

Des siècles plus tard, Rousseau écrit, à l'article « Imitation » du *Dictionnaire de musique* : « [...] Par un prestige presque inconcevable, [la musique] semble mettre l'œil dans l'oreille, et la plus grande merveille d'un Art qui n'agit que par le *mouvement*, est d'en pouvoir former jusqu'à l'image du *repos*. La nuit, le sommeil, la solitude et le silence entrent dans le nombre des grands tableaux de la Musique. » (Nous soulignons.) Richard Wagner, pour sa part, conçoit le drame telle musique rendue visible ; comme le montre ce mot, maintes fois cité, de Tristan, peu avant de mourir : « *Wie, hör' ich das Licht* (« Quoi ? J'entends la lumière ? »). Vouant à l'œuvre de Wagner un véritable culte, le peintre et écrivain symboliste belge Jean Delville imagine, dans *Tristan et Yseult**[1], la mort du couple comme une espèce de transe magico-religieuse, un enlacement désenchanté, en contre-jour et irradiée par une

1. Dans cette œuvre, au titre sans doute attribué tardivement par la critique, Delville mêle à l'opéra les correspondances de Baudelaire et des réminiscences de sa lecture d'*Axël* de Villiers de L'Isle-Adam – lui-même inspiré de Wagner – ; notamment du *Liebestod* final de ce drame initiatique, au magistral serti de « coulantes pierreries » (Mallarmé). L'envoûtement que suscite le dessin de Delville est tel que l'oreille est éclipsée par ce que l'œil voit.

lumière cosmique. En 2008, le vidéaste américain Bill Viola, qui voit en Wagner le père fondateur de la révolution numérique, le voyant posthume par excellence ! introduit dans une production très controversée de *Tristan et Isolde* l'art vidéo, moyen idéal « pour relier le dynamisme et la rythmique de la musique avec la symbolique des arts plastiques ».

Le clavier à lumière

Rebroussons chemin. Vassily Kandinsky accorde, pour les êtres et les objets, une valeur absolue à la valeur intérieure, finalement à la « résonance intérieure » des couleurs et des formes – on le voit dans *Bunter Mitklang**[1] (« Résonance multicolore »). Il attache, dans *Du spirituel dans l'art, et dans la peinture en particulier*, la plus haute importance à « l'écoute des couleurs », influant directement sur l'âme : « La couleur est la touche, écrit-il. L'œil est le marteau. L'âme est le piano aux cordes nombreuses. » Conscient que sa résonance intérieure peut s'enrichir au contact d'autres arts, par des rapprochements de sensations, il conçoit le projet d'un « Art monumental », s'enthousiasmant pour celui de Scriabine d'une « œuvre d'art totale » – le *Gesamtkunstwerk* développé par Wagner (la notion de *Gesamt-Kunstwerk* est mentionnée pour la première fois par le philosophe et écrivain allemand Karl Friedrich Eusebius Trahndorff, en 1827, dans *Ästhetik oder Lehre von Weltanschauung und Kunst*, que Wagner, qui l'utilise quelque vingt ans plus tard, aurait pu connaître). Constituait l'entame de cet art total une symphonie, composée en 1909-1910, *Prométhée ou Le poème du feu*, avec piano, chœur, orchestre et « clavier à lumière ». Scriabine avait creusé les articles de l'inventeur du clavecin oculaire,

1. Les effets les plus simples peuvent en provoquer de plus complexes, entraînant une résonance intérieure : « L'œil est plus ou moins fortement attiré par les couleurs claires, et plus fortement encore par les couleurs plus claires, plus chaudes ; le rouge vermillon attire et irrite le regard comme la flamme que l'homme contemple irrésistiblement. Le jaune citron vif après un temps blesse l'œil comme le son aigu d'une trompette déchire les oreilles. L'œil clignote, ne peut le supporter et va se plonger dans les calmes profondeurs du bleu ou du vert. »

le célèbre mathématicien jésuite Louis-Bertrand Castel – « un certain brame noir, selon Diderot, fort original, moitié sensé, moitié fou » –, une machine qui devait « peindre les sons [...] de manière qu'un sourd puisse jouir et juger de la beauté d'une musique [...] et qu'un aveugle puisse juger par les oreilles de la beauté des couleurs ». Deux siècles après le fantasme, inachevé, de l'instrument total de Castel, répercuté en Allemagne par Georg Philipp Telemann (1739), rejeté par Rousseau, raillé par E. T. A. Hoffmann et Voltaire, traité d'« enfantillage ridicule » par Eduard Hanslick, le clavier à lumière de Scriabine projetait sur un grand écran des couleurs censées correspondre à la gamme du spectre ; et ce, sur le tissu harmonique d'un accord de six quartes superposées, son « accord mystique », aux sons, non transposés, suivants : *do*, *fa* dièse, *si* bémol, *mi*, *la*, *ré*. Ce vertige de sons et de couleurs devait, par la fusion des perceptions sensorielles, exprimer symboliquement un monde en vibration constante. Tout comme Kandinsky (sa « composition scénique » en six tableaux *Der gelbe Klang*, « La sonorité jaune », parsemée d'indications très versicolores ; partie musicale due au compositeur et peintre Thomas von Hartmann), Scriabine s'était découvert l'étrange don synesthésique : grâce à la synthèse de ses sensations à un moment donné, ce musicien de l'extase, à chaque moment donné, pouvait vivre « tout lui-même », éprouver plusieurs sensations simultanément.

Vaches sans train

Dès le milieu du XXe siècle, des événements de *sichtbare Musik*, de « musique visible », comme la nomma Dieter Schnebel, sont vus comme « amusants » par une assistance qui d'évidence n'applaudit que son propre soulagement. À Donaueschingen en 1951, création de *Polyphonie X*, œuvre sérielle d'un jeune inconnu, Pierre Boulez, pour dix-huit instruments solistes répartis en sept groupes : le scandale est mémorable, que déchaîne ce « fossoyeur de la musique » (*Frankfurter Allgemeine Zeitung*), sans précédent dans l'histoire d'un festival déjà riche en anicroches. Les auditeurs se réduisent à eux-mêmes : « Vaches sans train » persiflerait Céline. La critique, qui aime les robinets qui ferment, estime qu'il s'agit de la partition la plus extravagante jamais conçue : le chef doit être attentif à des croisements et translations sonores inhabituels, pendant que les instrumentistes, tels des gymnastes soumis à des traitements barbares, se heurtent à des maladresses, et à des difficultés alors extrêmes. La musique acquiert sa propre visibilité. En 1958, John Cage atteint l'Europe, donne son œuvre la plus simple et inventive, *4'33''*, sans aucune note, entièrement « silencieuse », néanmoins en trois mouvements, pour piano, spectaculaire image sonore blanche, pleine de possibles ; celui, en tout cas, qui torpille définitivement le concept occidental d'œuvre d'art, l'écrasante mollesse du « beau son », l'attraction imparable du tonal : où l'auditeur, valorisé par la musique réduite à l'état de mémoire, se leurre dans son confort émotionnel (voir p. 169). « Du son béni, écrivait par ailleurs Leoš Janáček dans son Autobiographie, on est passé au froufrou des balais. » Un ami de Cage, et figure majeure du groupe Fluxus, Dick Higgins, musicien, poète, artiste « intermédia » (à savoir entre différents médias, non dans leur superposition), ira plus avant, qui crée des modèles conceptuels sans réification : la composition *Danger Music No. 6**[1] ne consiste que dans son titre ; une musique à penser et à regarder en son esprit vivant et provocateur : assurer la dangereuse continuité entre l'art et la mort. (L'époque est propice au non-être et au peu-d'être féconds : Miles Davis

1. Sur cette page de l'Allegro « September » de la *Symphony N°. 50*, élément de la série de *The Thousand Symphonies,* la transfiguration visuelle de la « musique » est réalisée par des balles de mitraillettes tirées à travers du papier manuscrit vierge d'orchestre ; où il n'est pas d'impacts sont des silences. Des exécutants auxquels on a distribué cette « notation » l'incarnent, en la jouant de gauche à droite. C'est peut-être du non-art, mais, écrit Higgins, « de la même façon qu'un boulanger est un non-soudeur ou qu'une chaussure est un non-légume ». Par là même, ce musicien crée nombre de possibilités, même celle de provoquer un « magnifique vaudeville » où la situation de non-art « a pour conséquence le bel art, ce qui est une relation traditionnelle entre un peintre et son sujet, pour prendre un exemple évident ».

grave le monochrome modal *Kind of Blue*, chef-d'œuvre de la musique du XXe siècle. Piero Manzoni élabore ses *Achromes**[1], des peintures blanches monochromes réalisées en plongeant la toile dans du plâtre ou du kaolin, dont la blanc alors se fige, de telle sorte que, pour reprendre son dire, « la matière devient une énergie pure ». Michelangelo Antonioni révèle l'invisible dans *L'avventura*. Samuel Beckett écrit *En attendant Godot*, où « on ne descend pas deux fois dans le même pus ». Sartre continue de cogiter sur le néant, Nathalie Sarraute d'exciter les soupçons.) Enfin, en maître du paradoxe – toujours fécond s'il n'est pas résolu –, Mauricio Kagel, fustigeant les formes perverties de l'institution musicale et la médiocrité des professionnels de la profession, s'acharne à « détruire l'inexistence de la musique » (Heinz-Klaus Metzger) ; il s'évertue, avec *Sur scène* ou *Sonant*, à un « sabotage très conscient » de l'auditeur avec des procédés et des artifices visuels, ludiques ou cruels. Le véritable aimeur de musique, sourd à toute *musique musicale*, celui qui réellement peut entendre (phénomène physiologique, passif), écouter (acte psychologique, voulu), peut comprendre, mieux, peut recomposer l'œuvre, sentir la corrosion le gagner, ne va pas regarder ; il sera de la sorte confronté à « la vérité *terrible d'entendre*, dit le compositeur, parce que ça, c'est vraiment une vérité *épouvantable* ». L'aimeur d'images, lui, vaporisera l'omniprésente imagerie souillante qui aujourd'hui plus que jamais l'assiège en ses engrenages les plus cachés, pour se créer tout un tintouin de fantômes fertiles qui à coup sûr l'effraieront. Voici la fausse inversion des sens : on ne voit plus qui regarde mais entend qui écoute.

1. Le blanc de l'*Achrome* de 1958, « sans couleurs », exclut tout symbolisme, toute signification. Ce blanc n'est aucunement, dit le peintre, « un paysage solaire, une matière évocatrice ou une belle matière, une sensation ou un symbole ou autre chose encore ». Sans début ni fin, cette toile peut néanmoins être vue comme certaines des premières œuvres orchestrales du compositeur d'origine hongroise György Ligeti ; celles où le déroulement, comme venu de nulle part, de « nappes sonores », à la limite du bruit et du son, se perçoit comme une juxtaposition de couleurs approchantes et de surfaces à la manière d'un tableau.

Une esthétique de l'entrelacs

Nous voudrions penser les œuvres picturales et musicales présentées ici par thèmes (musique des sphères, mythologie, religion, concerts, organologie, courants esthétiques...), sans les interpréter « psychologiquement », ni nourrir l'illusion naïve de l'immédiateté du sensible. Nous voulons que maints parallélismes neufs et questionneurs naissent de nos perceptions enchevêtrées, élargies et « retouchées » : par la peinture, où le temps remue ; par la musique où les fluances se fixent ! Le temps s'incruste dans l'image, la délie de sa fixité.

L'auditeur-contemplateur assistera à leur désaccouplement attentatoire, entendra leurs dissonances jusqu'au confort de couleurs apaisantes, leurs mélopées jusqu'à la folie d'une corde qui claque. Le monde est rectifié. Ce qui était vrai, enfin ne l'est plus.

(En ce qui concerne les arts plastiques, nous avons choisi de dévisager la seule peinture, une expression aujourd'hui anachronique et réactionnaire pour de prétendus progressistes et pour les critiques habituels – comme si les vidéastes, les photographes ou les sculpteurs jamais ne produisaient de crétineries caduques et saugrenues. Ancienne, dense et difficile, la peinture est propre à une époque qui la redécouvre, la reconquiert ; elle représente un point de fixation dans un environnement social caractérisé par l'éphémère, l'instantané, le spectaculaire et le délabré, et le superficiel ; elle fournit enfin une aide précieuse pour clouer le temps dans l'espace de notre survie spirituelle. Pour essayer de la retenir entre nos deux mains... un peu... la vie.)

II

Fusions et lisières

Ambivalences et glissements lexicaux

Revenons au cloisonnement traditionnel. La musique est art de la durée, la peinture, art de l'espace. D'un côté, le flux musical, un courant de temps *qui était*, un art qui plus que tout autre art renvoie à la mort, une recherche de l'inachevable ; de l'autre, le total pictural, son immédiateté fixée, d'emblée opulent à l'œil, abrupt et subit, vivace et bel aujourd'hui !

Une terminologie et un champ métaphorique communs, dus à l'attelage vital image-son dans notre perception syncrétique des œuvres, lancent des passerelles entre ces deux formes d'art non verbales. Ainsi *ton*, *nuance* ou *harmonie* (chez Homère, c'est le lien, le rivet qui sert à joindre les choses ; harmoniser, c'est alors cheviller) ; *rythme*, *couleur* ou *variation* ; *ligne*, *contrepoint*, *mélodie* de couleurs sonores (traduction littérale de *Klangfarbenmelodie*, « mélodie de timbres », expression proposée par Arnold Schoenberg pour désigner un procédé musical où la hauteur du son ne représente qu'une des dimensions de sa couleur, sa *Klangfarbe*) ; *espace*, mot-clé à l'heure de la spatialisation du son ; ou *chromatique*, terme attribué à la gamme des demi-tons par Archytas de Tarente au IVe siècle avant notre ère. La signification commune que le mot *chromatique* peut avoir en peinture et en musique, relevée par Rousseau dans le *Dictionnaire de musique*, n'en éveille que plus d'intérêt : « Ce mot vient du Grec *chrôma*, qui signifie *couleur*, soit parce que les Grecs marquoient ce Genre par des caractères rouges ou diversement colorés ; soit, disent les Auteurs, parce que le Genre *Chromatique* est moyen entre les deux autres, comme la couleur est moyenne entre le blanc et le noir ; ou, selon d'autres, parce que ce Genre varie et embellit le Diatonique par ses semi-Tons, qui font, dans la Musique, le même effet que la variété des couleurs fait dans la Peinture. » Dans la Grèce ancienne, le vocabulaire technique de la musique puise ses métaphores dans la géométrie ; ainsi courbes et infléchissements, tourbillons et spirales, intrications de la ligne mélodique, comparées à des « sentiers de fourmi ». La corrélation avec « ces figures géométriques chaotiques, dit Anne Gabriële Wersinger, signale clairement que l'harmonie de la musique nouvelle [celle dont nous entretient Platon dans le *Philèbe*] ne relève plus de la circularité impeccable ni de l'architectonique, mais de l'art de Dédale, le tissage, la fabrication des nœuds, des filets, art spécialiste de tout ce qui concerne le monde du mouvant, du changeant, de l'infini ».

Le temps, ce mouvement fixé

Les créateurs sont les premiers à marauder dans ce répertoire polysémique ; d'où la sensation (non le sentiment), en eux, d'une perception élargie, affinée – polyphonique. Les exemples foisonnent. Delacroix, longtemps tiraillé entre la peinture et la musique (il toucha l'orgue, étudia le piano et la guitare), compare les *tons* de la peinture et les *sons* de la musique : « Les couleurs sont la musique des yeux, écrit-il dans le Carnet héliotrope du *Journal* : elles se combinent comme les notes ; il y a sept couleurs comme il y a sept notes ; il y a des nuances comme il y a des demi-tons. » C'est la « musique du tableau » (Delacroix), ainsi celle affleurant les *Musiciens juifs de Mogador**[1].

1. La musique de ce tableau résulte de la composition en arche des figures et d'un arrangement de couleurs, de lumières et d'ombres. Cet accord magique émane entre autres du joueur de luth (un luth *gunbri*, sans doute car l'instrument est trop schématisé pour pouvoir

Ou Kandinsky qui note, dans *Regards sur le passé*, après une représentation de *Lohengrin* au Théâtre du Bolchoï : « Je voyais toutes ces couleurs dans mon esprit, elles étaient devant mes yeux. Des lignes échevelées, presque extravagantes, se dessinaient devant moi. [...] Il m'apparut très clairement que l'art en général possédait une beaucoup plus grande puissance que ce qui m'avait d'abord semblé, que d'autre part la peinture pouvait déployer les mêmes forces que la musique. » Il révèle également que le mot « composition » le bouleverse et agit sur lui « comme une prière » ; et que la « peinture pure » traduit le « son fondamental intérieur » qui est à l'origine de l'élaboration de toute œuvre.

Ou encore Paul Klee, l'artiste le plus souvent mis en musique (suivent Dürer, Michel-Ange, Goya, Böcklin, Picasso) –, et, selon Stockhausen offrant à Boulez un volume de ses cours du Bauhaus, « le meilleur professeur de composition » qui soit. Ce violoniste raffiné sa vie durant (en musique, jamais, comme en peinture, il ne connut d'« hésitations », de moments de désenchantement), utilise souvent, et avec précision, dans ses cours magistraux, comme dans ses tableaux aux titres souvent chantants, les termes musicaux dont il a besoin pour ses agencements visuels : outre rythme (l'échiquier de *Rhythmisches**[1]) et rythmisation (celle qui emporte notre œil au-delà de la toile, comme dans *La partie d'échecs** de Maria-Elena Vieira da Silva, qui forma son regard avec Klee, entre autres), harmonie, polyphonie, son (*Klang*), intensité, mouvement et contre-mouvement, composition et schématique compositionnelle, tempo, fugue ou syncope. Le principe fondamental de Klee : introduire dans

---

être identifié avec précision), du tambourinaire, attentif, les paupières mi-closes, et de la femme, coiffée de rouge, auditrice ravie autant que muse rayonnante.

1. La rythmique picturale, comme le rythme, est fondée sur l'addition ou la juxtaposition ; mais aussi sur la synthèse entre statique et dynamique. Les carrés superposés sur les portées de l'échiquier glissent vers la droite, instaurent une « lecture » rythmique, temporelle et spatiale, du tableau. En musique, l'instant n'est pas renouvelé, jamais : l'oreille ne peut écouter contre le temps.

l'œuvre picturale, née du mouvement productif initial (elle est genèse et non produit achevé), ce « mouvement fixé » qu'est le temps ; faire en sorte que le temps remue sur la toile et que l'œil « palpeur » du regardeur doive la découvrir morceau par morceau, « à l'instar d'une bête en train de brouter », l'arpenter dans un déroulement temporel. La supériorité de la peinture « polyphonique » consisterait, selon lui, en une temporalité de la contemplation se déployant dans la simultanéité de l'image. Boulez : « Certains tableaux de Klee, on les lit au moins sur deux plans. Le regard se déplace d'avant en arrière, passe d'un plan à l'autre, observe les coïncidences et les divergences. L'on s'y meut dans la plus parfaite des contemplations immobiles. Elles ne sont pas nombreuses, les œuvres aussi proches d'une polyphonie. » En outre, le regardeur éclairé, qui explore les chemins tracés par le tableau, en découvre quantité de significations, se l'approprie, devient un « après-créateur », selon Klee.

De façon analogue, les « polyptyques superposés » de Pierre Soulages sont des manières de boustrophédons imposant au regard un temps de lecture, un mouvement de droite à gauche et de gauche à droite ; « les deux rythmes, explique le peintre, celui du dessus et celui du dessous, se mettaient à se répondre l'un l'autre, tout en continuant ainsi à vivre de manière autonome ». Cette perception du temps, de la durée, engendrée par cet art de l'espace qu'est la peinture, Kandinsky l'a éprouvée définitivement lors de son passage à l'art abstrait ; il précise, dans *Point et ligne sur plan* (1926) : « Ce mur [le temps] séparait jusqu'alors deux domaines de l'art : la peinture et la musique. La distinction apparemment claire et justifiée : Peinture-Espace (Plan) / Musique-Temps est devenue subitement discutable par un examen plus approfondi (quoique encore un peu superficiel) – et cela d'abord pour les peintres. Le fait d'ignorer généralement aujourd'hui encore l'élément temps dans la peinture montre bien la légèreté des théories dominantes, loin de toute base scientifique. » Et la forme temporelle la plus concise est le point : « [Sa] stabilité, son refus de se mouvoir sur le plan ou au-delà du plan, réduisent au minimum le temps nécessaire à sa perception, de sorte que l'élément temps est presque exclu du point, ce qui le rend, dans certains cas, indispensable à la composition. Il correspond à la brève percussion du tambour ou du triangle dans la musique [...]. » C'est le pointillisme musical, la musique sans mélodie (évacuant par là même ce qui est devenu une manière de sixième sens !), qui nous ouvrent l'accès à ces éclats multiples de la musique, qui nous permettent d'entendre *d'un coup* son espace fixe.

Ensorceler les sensations

Les leçons de Klee sur la perspective infléchirent l'art de Pierre Boulez (comme celui de Stockhausen), lui permirent de culbuter un achoppement perçu dans les partitions de Schoenberg ou de Debussy, mais d'une façon exclusivement musicale : « Jusqu'à ma rencontre avec Klee, je ne raisonnais qu'en musicien, écrit-il dans *Le pays fertile*, ce qui n'est pas toujours le meilleur moyen de voir clair. C'est parce qu'un problème identique était simplifié de manière exemplaire par Klee que j'ai été amené à réfléchir autrement, sous un autre angle. Et il me semble possible, avec un élargissement de l'hétérophonie, d'appliquer ses idées sur la perspective. » (Anecdote signifiante : Boulez eut l'intention de donner à la première de ses *Structures pour deux pianos* le titre du tableau de Klee *À la limite du pays fertile*, fait surtout d'horizontales et de quelques obliques, d'« une invention très réduite », explique le compositeur ; cette première *Structure* fut composée, très rapidement, « très sciemment d'une manière analogue ».) Élaborant ses *Poésies de la lyrique japonaise*, Stravinsky avait mêmement remarqué, mais dans l'art de l'estampe japonaise, une analogie frappante « entre la solution graphique des problèmes de la perspective et des volumes qu'on y voit », et la musique. Cézanne, de son côté, qui s'efforça de peindre les sensations, de les « ensorceler », « module » (plutôt que « modèle ») une technique nouvelle impliquant une « gradation » obtenue par petites touches, par des suites de teintes rapprochées dans l'ordre du spectre, ce qui ménage la transition entre l'instant et le mouvement

(Ligeti s'en souviendra). Debussy, ses petites touches imprévisibles, subtiles, libère le temps, donnant l'illusion, par la combinaison d'accords sans logique harmonique discursive, d'instants en mouvement ; ce qui évoque la vibration lumineuse de l'impressionnisme – courant auquel on l'assimile ; une idée fausse, puis rebattue, en ce que le terme est forgé en 1874, lors de la première exposition du groupe, époque où le jeune Achille-Claude vient d'entrer au Conservatoire, et que la dernière exposition du mouvement pictural a lieu en 1886, l'année même où Debussy confesse vouloir quitter Rome et rentrer à Paris pour voir les tableaux de Manet et « écouter de l'Offenbach ». Il vitupéra d'ailleurs « ce que les imbéciles appellent "impressionnisme", aussi mal employé que possible, écrit-il à Jacques Durand, surtout par les critiques d'art qui n'hésite pas en affubler Turner*[1], le plus beau créateur de mystère qui soit en art ! » Anton Webern élabore des œuvres où la note est un point sonore ; à telle enseigne que le chef d'orchestre et critique de musique Robert Craft put comparer le pointillisme sonore des *Six pièces pour orchestre* op. 6 au maniement d'un tableau électrique dont les boutons commandent des points lumineux ; on entend ici, en effet, la première manifestation de la *Klangfarbenmelodie*. Matisse, lui, considère un tableau comme « la coordination de rythmes contrôlés », estime que c'est dans l'expression d'un rythme nouveau que « l'activité de l'artiste sera réellement créatrice » (*La musique*, 1910, où l'abstrait musical est choisi comme sujet réaliste). Pour Fernand Léger, l'art est une « orchestration » optimiste du spectacle du monde, ce monde

1. Debussy apprécia un temps la mystérieuse saveur de la correspondance entre la peinture et la musique. Son délaissement des formes classiques de composition et l'invention d'une couleur et d'une harmonie nouvelles s'accordent avec la libération de la lumière et le dédain du sujet chez Turner. Ainsi dans cet audacieux *Paysage avec une rivière et une baie dans le lointain*, une toile qui stupéfia Huysmans : « On dirait d'une estampe balayée avec de la mie de pain ou d'un amas de couleurs tendres étendues à l'eau dans une feuille de papier qu'on referme, puis qu'on rabote, à tour de bras, avec une brosse ; cela sème des jeux de nuances étonnantes, surtout si l'on éparpille, avant de refermer la feuille, quelques points blancs de gouache. »

moderne de formes industrielles, de machines, disques*[1], bielles, engrenages ou poutrelles. Luigi Nono, enfin, libère les couleurs de tout lien symbolique ou illustratif, préconise leur utilisation sonore : « Moi-même, déclarait-il en 1984, je m'efforce d'*écouter les couleurs* comme *j'écoute* les ciels ou les pierres de Venise : comme des rapports d'ondulations, de vibrations. » Lumière et bruit à pleines goulées.

Chassés-croisés de vocations

De tout temps des peintres furent musiciens, et inversement ; d'autres créateurs, aux tours de main multiples, se partagèrent entre la musique et la peinture. En général, les peintres affouillent et transfigurent plus volontiers l'univers de la musique que les compositeurs celui de la peinture ; la musique est plus astreignante, invasive que la peinture – les oreilles n'ont pas de paupières. Parfois, les intentions de peintres et de musiciens semblent contradictoires : Arnold Böcklin aurait déclaré que son *Île des morts* dût être silencieuse, tellement, « que l'on sursauta si quelqu'un frappait à la porte ».

Ce qui a toujours fasciné le peintre est l'immatérialité des sons que produit le musicien, sa souveraine indépendance de la sphère visible et des contraintes de la reproduction. La musique se déploie, foisonnante ou minimale, libre de ses mouvements, bridés seulement par les lois de l'harmonie, ensemble de principes qui s'élargit toujours plus au XIXe siècle, jusqu'à l'éclatement des barrières, la dissolution de la tonalité, en même temps que la peinture dissout l'objet représenté, passe à l'abstraction – même si ce rapprochement est trompeur ; car malgré les nouvelles grammaires élaborées au tout début du XXe siècle (Kandinsky : *Du spirituel dans*

1. Dans *Les disques*, peint en 1918, l'orchestration fragmentée de l'ère industrielle, ses courbes nouvelles, ses signaux, panneaux d'affichage imposent à notre œil des rythmes d'éléments statiques qui semblent tournoyer, se déplacer. Vive la vie collective et le progrès technique ! Au diable le champêtre, les soleils qui se lèvent, les gazouillantes beautés d'hôpital, le flou, les nuances, et l'*allargando* !

l'art, et dans la peinture en particulier ; Schoenberg : *Traité d'harmonie*, deux ouvrages théoriques, achevés, de deux créateurs, chacun instruisant l'autre, chacun confirmant l'autre, sans influence réciproque, dans sa maturité artistique), ce n'est pas, comme le rappelle Carl Dahlhaus, « la musique nouvelle qui servit de référence à l'ébauche d'une théorie de la peinture abstraite, mais bien la musique en tant que telle, indépendamment de l'opposition tonalité-atonalité, qui, autour de 1910, marqua une césure importante dans l'histoire de la musique ». « Sonne »-t-elle encore trop abstrait, la musique ? Mais où est donc le concret à partir duquel la musique pourrait abstraire ?

Les sons des peintres

De très nombreux peintres se projetèrent dans la musique. Pour ceux-ci, discontinûment, percevoir c'est percer le voir, comme dit Godard, percer le voir pour voir, la sensation non émoussée, non réduite en pensée, dans la clarté de l'ombre, le bacchanal du monde.

Quelques exemples : Léonard de Vinci apprit à jouer de la *lira* (*lira da braccio*, ou « lyre à bras », un instrument incarnant la Renaissance, comme la *vihuela* ou la pandore), il chantait, rapporte Vasari, « divinement en improvisant et en s'accompagnant sur cet instrument » ; sept cordes, dont deux bourdons en dehors de la touche, le montaient, métaphore devant évoquer les sept planètes qui composent l'« harmonie de monde » (voir *infra* p. 53). Giorgione, lui, se plut au luth, tandis que, selon la tradition et tels que nous les apercevons dans *Les noces de Cana**[1], Titien tenait la contrebasse de

1. Quatre grands peintres, tous amateurs de musique, attirent le regard dans le détail de cette œuvre immense. À droite, sur sa contrebasse de viole, l'œil concentré sur la partition, vêtu d'une tunique rouge cardinalesque, Titien. Face à lui, Véronèse joue de la viole, l'archet tenu par en dessous, au-devant de Tintoret qui contrepointe à la deuxième viole. À gauche de Titien, un coquet violoniste avec un petit col Henri II, Giovanni Bassano, sans doute. Un peu en retrait, derrière

viole, en compagnie de Véronèse et Tintoret, concentrés sur leur viole. Quant au violon de monsieur Ingres, qui a bien existé (le musée de Montauban le conserve), il réjouira la deuxième passion du furieux opposant de Delacroix. Cet instrument, Odilon Redon, « né sur une onde sonore » et « peintre symphonique » selon son dire, le pratique parallèlement à la peinture, le maîtrise au point d'interpréter, dans le salon littéraire et musical de Berthe de Rayssac, de la musique de chambre au côté d'Ernest Chausson, de partager avec lui son goût immodéré pour Bach et, surtout, Schumann. La musique fut éminente dans l'art syncrétique de Redon : « Elle est presque universelle, écrit-il à André Bonger, et elle franchit toutes les barrières ; quel bel art, je lui dois beaucoup. » Matisse, lui, avait du violon un « petit sentiment », anéanti nonobstant par son désir d'une « technique trop riche », technique qui, en peinture, lui permet de l'exprimer, son sentiment. De son côté, James Ensor maintes fois déclara qu'il eût dû « se consacrer entièrement à la musique ». Sans avoir appris jamais le solfège, il jouait d'une espèce de galoubet, aimait toucher le piano et, surtout, improviser à l'harmonium. Aidé de Michel Brusselmans, Ensor, wagnérien à tous crins, « compose » ce qu'il considère comme une œuvre d'art totale, un ballet-pantomime charmant et drolatique, *La gamme d'Amour* ; on n'y trouve point le rutilant chromatisme de ses peintures, c'est de la musique sans prétention : Ensor préfère les pages d'opérettes, les danses et les chansons à la musique savante, au point de caricaturer l'enseignement académique, le culte de Wagner (*Au conservatoire** [1]) – Bruxelles

---

Tintoret, un joueur de *cornetto* (dessus des cinq membres de la famille des cornets à bouquin...), instrument alors très pratiqué. On distingue encore, derrière le Tintoret, un sacqueboutier (tromboniste), enturbanné et en tunique rouge (les sacqueboutes servaient souvent de basses aux cornets à bouquin).

1. Sur cette toile, Ensor, mais aussi le public qui jette fleurs et lauriers, chat, canard, carotte et hareng saur (art Ensor), ridiculisent les musiciens, les personnalités du Conservatoire de Bruxelles, et la grande musique. De gauche à droite : le violoniste Eugène Ysaÿe ; les choristes féminins : la gracieuse et crachotante Mlle J. Flament, et Mme Ida Cornélis-Servais, célèbre professeur de chant, postillonnant, tenant une

et le Théâtre de la Monnaie étant devenus, après 1870, les lieux d'asile de l'idolâtrie wagnérienne. Six ans plus tard, Henri Fantin-Latour que sa manière, toute en brumes, en accords et clairs-obscurs, répute peintre wagnérien par excellence, fait le pèlerinage de Bayreuth et assiste à la troisième série des représentations de *L'Anneau du Nibelung*. (Il voua une quarantaine d'œuvres à cette tétralogie ; mais pas seulement ; ainsi sa gracieuse « transcription » de *Tannhäuser* dans *Tannhäuser : Vénusberg** : on y remarque la joueuse de double flûte qui s'inspire du berger du *Concert champêtre* de Titien.) La musique, figure réelle et émouvante de la sensation, eut un rôle primordial dans l'élaboration des paysages de Jean-Baptiste Camille Corot, amateur obstiné d'opéra. Cet habitué des théâtres lyriques de Paris et des Concerts Pasdeloup pratiquait le chant, se faisant entendre parfois en d'étroites réunions. Parmi ses paysages composés, indécis et secrets, construits dans une lumière dorée rongée d'ombres gourmandes, citons celui enveloppant un *Chevrier assis, jouant de la flûte dans une clairière**.

Voir les souris siffler dans le ciel

Plus près de nous, l'artiste multigenre Francis Picabia illustre le thème de l'Optophone (deux toiles, *Optophone I* et *II*, entre 1922 et 1926), machine de conversion électrique, et étonnant prélude aux médias audiovisuels, capable de montrer les relations organiques entre l'œil et l'oreille. Cet Optophone occupa les recherches du cofondateur du club dada de Berlin (1918), l'écrivain, peintre, dessinateur, poète visuel et concret, danseur et performeur Raoul Hausmann : « La construction technique adéquate donne à l'Optophone, écrit-il dans *Optophonétique*, la capacité de montrer l'équiva-

partition riche de calembours ; les choristes masculins : les professeurs de solfège L. Soubre (?) et V.A. Beauvais ; le chef d'orchestre : F.A. Gevaert ; jouant de la clarinette, le professeur G. Poncelet. Pendu audessus des protagonistes, le portrait vivant de Wagner qui, se bouchant les oreilles et pleurant de colère, n'apprécie guère l'interprétation de sa *Walkyrie*.

lence des phénomènes optiques et sonores, autrement dit : il transforme les vibrations de la lumière et du son – car la lumière est de l'électricité vibrante, et le son aussi est de l'électricité vibrante. » Comme seuls les « imbéciles peuvent se contenter de la pensée que le monde est résolu en trois dimensions, la dimension-temps-espace s'élève à l'aide de la dynamique, notre sixième sens est le mouvement spirituel ! » Ce sixième sens, le Sens-Temps-Espace, qui pallie les lacunes de la science naturelle, est le principal de tous nos sens ; nous conférant le pouvoir de voir, insinue-t-il, « les souris siffler dans le ciel ». (Dès 1905 et la théorie de la relativité d'Einstein, la quatrième dimension est définitivement conçue comme dimension temporelle incluse dans celle de l'espace.)

En Autriche, Oskar Kokoschka, vite envahi de musique et de couleurs, prend quelques leçons de piano et de violon chez son oncle Anton Loidl dans sa prime jeunesse, alors qu'à Vienne on dispute de la transposition des consonances tonales en harmonies chromatiques. Ainsi, indépendamment de Schoenberg dont il rejette la mélodie de couleurs sonores (*Klangfarbenmelodie*), Josef Matthias Hauer élabore un système dodécaphonique et s'efforce de faire correspondre aux douze sons un cercle chromatique, au nombre infini de nuances, composé lui-même de douze parties : « Le mouvement de la couleur, écrit-il dans *L'essence du musical*, est, comme celui des intervalles musicaux, un mouvement circulaire. » On peut observer, entre le cercle chromatique et le cercle des intervalles, en partant du *do*, « une correspondance dont la raison profonde doit probablement être recherchée dans l'identité spirituelle des actes de perception auditive et visuelle » ; on ne peut néanmoins « comparer les sons en eux-mêmes (pensés de façon abstraite, comme des points) avec les couleurs, mais on peut le faire pour les *intervalles*, pour les sons complexes (son élémentaire accompagné de l'accord des harmoniques) ». Hauer voit alors le *do* (blanc) comme point limite entre le vert et le jaune, et les autres sons du cercle de quintes comme les nuances allant du jaune-*sol*-orange au vert cinabre-*fa*-vert clair. Kokoschka, de ces couleurs tout en nuances et mouvements, de ces « charmes nouveaux » (*neue Reize*) évoqués par Schoenberg, avec qui il est intimement lié, dans son *Traité d'harmonie*, il fait plus qu'une transcription, une transubstantiation dans son tableau *Die Macht der Musik** (« Le pouvoir de la musique »), qui porta d'abord deux titres : « Pouvoir de la musique » et « Force et faiblesse ». Celui-ci « se référait aux couleurs, des teintes jaunes, rouges, orange, chaudes, bleu froid, pâlissantes, féminines », tandis que celui-là « émanait du sujet, parce qu'une sonnerie de trompette, jaune, jaillit du tableau, et que l'énorme masse de couleur irradiante [...] commence à trembler, tel un organisme vivant qui se met en branle ».

Une maladie aimable : l'audition colorée

Rappelons un cas particulier, celui du « peintre des sons », le Lausannois Charles Blanc-Gatti, lequel eut son heure de gloire. En 1932, il fonde à Paris, avec Henry Valensi, Gustave Bourgogne et Vito Stracquadaini, l'Association des artistes « musicalistes », dont le but est de « cristalliser un groupe de peintres qu'anime déjà l'esprit musical ». L'art « chromophonique » de Blanc-Gatti est lié au principe de synopsie, ou « audition colorée », une synesthésie particulière – maladie aimable et éminemment subjective – qui permet de percevoir un son ou une voyelle comme une couleur déterminée (cf. le fameux sonnet « Voyelles », rêverie synesthésique de Rimbaud, que précéda le triangle des couleurs de l'astronome allemand Johann Tobias Mayer, associant couleurs fondamentales et voyelles). Quelque deux cents œuvres (huile, gouache, pastel, lavis, aquarelle...), que Blanc-Gatti nomme « compositions » ou « transpositions », sont réalisées d'après des pièces musicales précises, la *Danse macabre* de Saint-Saëns, le *Bolero* de Ravel ou *Cris du monde* de Honegger. Ces correspondances influencèrent son ami Olivier Messiaen, qui l'appréciait grandement et possédait quatre toiles de lui, et faisait des rêves colorés du même ordre ; mais, précise Messiaen dans son *Traité de rythme, de couleur, et d'ornithologie* : « J'ai suivi le processus exactement contraire de celui de Blanc-Gatti : *il peignait ce qu'il entendait – je transformais en sons et en rythmes ce que j'avais vu.* »

Ce procédé avait été inauguré par D. D. Jameson qui, en 1844, peu avant Bainbridge Bishop et Alexander Wallace Rimington, proposait le concept de *colour music*, la transcription de musique en couleurs. Son dessein était de créer une notation en couleurs (*do* rouge, *si* violet, etc.) pour faciliter la lecture des notes ; aussi des bandes plus ou moins longues de couleurs furent-elles collées sur les sept octaves du clavier. En 1909, pour simplifier l'exécution, le musicien, peintre, numérologue et linguiste argentin Oscar Agustín Alejandro Schulz Solari, dit Xul Solar, modifie le clavier de son piano, puis ceux d'un harmonium et d'un *dulcitone*, en disposant des touches colorées sur trois rangs selon l'échelle hexatonique. (Le dulcitone est une espèce de célesta, rarement utilisé, hors d'Indy dans sa légende dramatique inspirée de Schiller, *Le chant de la cloche*, où l'instrument devient un *typophone*, accompagné entre autres de deux pianos et de huit harpes.)

Les images des musiciens

Certes moins nombreux, les compositeurs recourent à la peinture ou au dessin, oscillent, voire, entre musique et peinture ; font parfois un usage réfléchi des miroirs pour ameuter des sensations esthétiques, pallier la lèpre du temps ou figer les gigotements de l'espace. Le peintre produit un objet, une toile, une aquarelle, qu'il peut, au premier coup d'œil, regarder, contempler, création dans laquelle, de surcroît, il tente de se voir lui-même. Au rebours du compositeur, effrayé devant une partition qui ne « lâche » rien – quand même écrire c'est toujours écouter –, partition où ne transparaît que la distorsion, exacte sans être vraie, de sa féerie intime. Il reste souvent, lors de la réalisation acoustique (sans laquelle la musique n'existerait pas), quand l'œuvre lui traverse la chair, comme abasourdi : d'entendre dans le clair l'espérance qu'il eut de cette musique qu'il mit tant de temps à écrire ; de consentir au fait que jamais n'existera d'équivalence parfaite entre partition et musique.

Franz Liszt est sans doute le premier musicien dont les œuvres forment explicitement, avec la peinture (et la sculpture), un alliage saisissant. Parmi les principales, *Hunnenschlacht* (« La bataille des Huns »), poème symphonique s'inspirant de la monumentale fresque du même nom de son ami le peintre d'histoire allemand Wilhelm von Kaulbach – Liszt lui en dédie la transcription pour deux pianos –, « un homme complet, celui-là, écrit-il à Wagner le 12 décembre 1856 ; il te plaira aussi, précisément parce que bien des gens l'accusent d'être absolument incapable de plaire ». (Liszt avait d'abord envisagé de mettre en musique plusieurs fresques de Kaulbach et d'en faire une *Histoire du monde en sons et en images*.) Cette œuvre illustre certains éléments du combat : appels de cors... les cris de guerre ; rythmes pointés... les chevaux au galop, la charge de cavalerie faisant penser à la célèbre Chevauchée de l'acte III de *La Walkyrie* ; opposition « stéréophonique » des bois et des cuivres... combats acharnés et effroyables entre les hordes païennes d'Attila et la coalition chrétienne de Théodoric. Mais, au sortir du fracas, le brusque retentissement de la « lumière météoritique et solaire » que Liszt emprunte au tableau, l'apparition du choral « Crux fidelis », semble immobiliser la musique, en engourdir les couleurs, en faire une nappe lisse ; ou un océan de cendres.

Wagner, qu'une profonde amitié lie à Liszt, ami de Champfleury et de Baudelaire, seul esprit alors capable de percevoir en ce rêveur despotique le peintre par excellence de l'espace et de la profondeur, Wagner donc, parmi les peintres en savoure peu – hormis Courbet, parfois interprète de ses propres chansons dans les brasseries, avec lequel il a de brefs contacts, ou Pierre-Auguste Renoir, qui fit son portrait (voir p. 128). André Schaeffner, dans son introduction aux *Lettres à Peter Gast* de Nietzsche, cite cette précision tirée du *Journal de Edmont Got, sociétaire de la Comédie-Française* : « Richard Wagner, pédant tudesque que j'ai rencontré maintes fois dans la compagnie de Mürger [*sic*], de Champfleury, de

Courbet, etc. dans un restaurant borgne de la rue Jacob. » Muré dans l'intransigeance de ses conceptions et les paradoxes pesant sur son art total, Wagner semble n'avoir accordé qu'une attention distraite au rythme intime des peintres de son temps ; mais sa musique, comme ses idées esthétiques, voire politiques, ensorcelèrent, et charment toujours, nombre d'artistes : de Redon, Anselm Feuerbach ou Hans Makart, à l'« après-Auschwitz » avec Anselm Kiefer ou Alfred Hrdlicka, en passant par Félix Vallotton, George Grosz, Max Ernst ou Paul Klee, la liste est longue qui ne s'épuise point.

Quant à Modeste Moussorgski, impressionné par une rétrospective de dessins et d'aquarelles d'un proche, l'architecte Victor Hartmann depuis peu au tombeau, il compose la suite pour piano *Tableaux d'une exposition*, dont certaines pièces – *Les Tuileries* ou *Le marché de Limoges* – sont descriptives, les autres n'ayant qu'un rapport lointain avec ce que « peint » la musique (Ravel en signera l'orchestration la plus connue, Kandinsky les décors pour leur mise en scène, à Dessau). Debussy ensuite, et son œuvre pour piano, vigoureuse et très complexe, *L'isle joyeuse*, variété musicale du *Pèlerinage à l'isle de Cythère* (1717) de Watteau ; mais « avec moins de mélancolie », précise le compositeur ; qui ajoute : « On y rencontre des masques de la comédie italienne, des jeunes femmes chantant et dansant ; tout se terminant dans la gloire du soleil couchant. » (À Désiré Walter, 13 juillet 1914.)

Pour ce qui est d'Erik Satie – dont Dieu aima l'œil bleu, dit Maritain –, ami de Braque, Brancusi, Picabia, Valentine Hugo ou Derain, sur la partition il utilise le dessin, la miniature, une calligraphie hallucinée ; et constate, dans un article consacré à Debussy, en août 1922 : « Pourquoi ne pas se servir des moyens représentatifs que nous exposaient Claude Monet, Cézanne, Toulouse-Lautrec, etc. ? Pourquoi ne pas transposer musicalement ces moyens ? Rien de plus simple. Ne sont-ce pas des expressions ? » Dans une lettre à Darius Milhaud (26 mars 1923), Satie se dit « fier » de sa pièce pour petit orchestre *Tenture de Cabinet préfectoral* : « L'aspect en est décoratif & somptueux – fait pour la vue. » Paul Hindemith, tout au long de sa vie, comme courant l'occasion, dessina, coloria. Cartes de vœux pour Noël et Nouvel An ; redoutables et subtiles caricatures musicales, ou antimilitaristes ; dessins fustigeant l'isolement, la détention, la guerre, figurant des monstres humains, animaux, mécaniques ; voire « cadavres exquis », dessins à plusieurs mains exécutés avec Licco Amar, violoniste de l'Amar-Quartett, quatuor internationalement reconnu où Hindemith tenait l'alto, et Maurits Frank, violoncelliste de cette formation.

Quand le regard sort des yeux

Schoenberg, qui se contraignit de rattacher à sa musique l'élément spatial inhérent à la peinture, réalisa soixante-dix huiles et quelque cent soixante aquarelles ; de nombreux portraits et autoportraits qu'il nomme « Regards » ou « Visions » ; des yeux au regard brûlant noyés parfois dans des harmonies de couleurs impalpables, en des vibrations presque imperceptibles, des lieux où l'œil du spectateur peut butiner. Schoenberg disait ne jamais voir de visages, car il regardait, dans les yeux des gens, seulement leur regard, écho de leur âme captée ; ainsi la morsure foudroyante du *Regard rouge** (Kandinsky, admirateur perspicace de Schoenberg, nommait sa peinture, « peinture du *seulement* ».) Faire voir lui était plus qu'un amusement, il déclara même souvent qu'il aurait pu envisager une carrière de peintre : peindre « était la même chose que faire de la musique. C'était pour moi un moyen de m'exprimer, de présenter des émotions, des idées et d'autres sensations ; et c'est peut-être la manière dont il faut comprendre ces peintures – ou ne pas les comprendre ». Boulez décèle dans cette synesthésie un déplacement nécessaire de la création schoenbergienne : « Il s'agit à la fois d'une activité de dérivation et d'une utopique jonction, d'une *correspondance* telle que Baudelaire l'avait formulée. » Toutefois, cet amateur peignit l'impeignable, le voyant par le visible, et certaines de ses figurations d'états mentaux, comme l'huile sur toile *Denken* (« Penser ») de 1910, sont parmi les premières peintures abstraites jamais réalisées. Quand, un an plus tard, Schoenberg découvre des photos d'œuvres de Kandinsky, il y perçoit des points de rencontre, lui écrit : « Je ne crois pas non plus que la peinture doive absolument être figurative. Je pense même exactement le contraire. Si, malgré cela, notre imagination nous suggère des objets alors je ne m'y oppose pas. Car cela peut venir du fait que les yeux ne s'attachent qu'à ce qui est concret. C'est là que l'oreille est supérieure ! Mais si l'artiste parvient à n'exprimer, au moyen des rythmes et des valeurs sonores, que des processus intérieurs, des images intérieures, alors l'"objet de la peinture" cesse d'être la simple reproduction de ce que les yeux perçoivent. »

Pendant que Kandinsky, peintre, aussi compose (ses indications musicales dans *Der gelbe Klang*), que Schoenberg, compositeur, de même peint (ses huiles et aquarelles, correspondances de couleurs, figurant des scènes de *Die glückliche Hand*), le Lituanien Mikalojus Konstantinas Ciurlionis, véritable étoile double, fut autant musicien (quelque deux cent soixante-dix pièces) que peintre (trois cents environ). Dans son œuvre, les rapports expressifs et formels les plus étroits entre peinture et musique sont les plus perceptibles dans les trois tableaux constituant la *Sonate de la mer*, « Allegro, Andante, Finale » et le cycle pour piano *Marios* (« Mer ») aux trois mouvements « Andante, Andante, Allegro », datant tous de 1908. Par ailleurs, avant Schoenberg et Hauer, il élabora, par ses « formations tonales de base », des œuvres à tournure sérielle (*Variations sur des thèmes à 9, 7 et 6 tons* ; 1904-1905) ; avant Schoenberg et Kandinsky, il peignit des tableaux abstraits (*Sonate n° 5*, *Allegro* ; 1908).

Pourquoi le mi *majeur est-il doré ?*

Une image, une vision, un rêve sont la source de nombre d'œuvres de Brian Ferneyhough, l'une des personnalités les plus exigeantes, les plus exacerbées et les plus inventives de sa génération. Ainsi *Transit* est inspiré par une gravure de Camille Flammarion (ami de Saint-Saëns, qui voulut, un temps, devenir compositeur), pastiche d'une xylographie de la Renaissance, imbrication de cercles, qui figure, également hors contexte, au frontispice de *Trans* de Stockhausen. Ou *La terre est un homme* et *La chute d'Icare* qui subissent l'attraction des tableaux homonymes du peintre surréaliste chilien Roberto Matta et de l'Ancien Brueghel. Ou encore le cycle des *Carceri d'invenzione*, s'appuyant sur la série des *Prisons* (*Invenzioni Capri[ciose] di Carceri*, puis *Carceri d'invenzione*) de Piranèse. Ou enfin *Mort subite*, avivée par l'image d'un rond de bière... À l'origine de ces reflets sonores d'images visuelles, aucune fredaine illustrative, mais « toujours, déclare le compositeur, une espèce d'image interne, fréquemment une sensation de temps figé sur quelque chose qui se tient à l'extérieur, à l'écart du temps – ou qui, peut-être, n'existe pas dans le temps subjectif d'observation de mon imagination. Souvent, on ressent d'abord des processus possibles comme des constructions baroques de leviers et de pivots qui inclinent le caillot du temps d'un côté ou de l'autre. L'acte de transférer cette image en notes représentant un certain laps de temps (écrites elles-mêmes dans un laps de temps réel éventuellement assez différent) finit inévitablement par générer un objet complètement différent. »

La musique de Salvatore Sciarrino – silence, souffles et effleurements, simulacre, dilatation du temps qui spatialise l'écoute – n'est pas conçue à l'image de la peinture, quand même ce compositeur italien, obligé et indispensable aujourd'hui, a peint jusqu'à l'âge de douze ans environ. S'estimant doué d'une perception synesthésique, il voit la peinture comme strictement liée aux premières expériences de sa vie. « Autrefois, dit-il, je voyais les couleurs en écoutant la musique. Je n'ai pas refoulé cette faculté, je l'ai simplement "métabolisée". » L'origine du phénomène est alors explicable. Par la couleur d'un instrument : « Pour quelle raison les sonorités des violons sont-elles rouges ? se demande Sciarrino. La teinte des violons est rougeâtre. Donc il est possible que de semblables relations influencent la perception de quelques couleurs, et que cette expérience ne soit pas seulement individuelle, mais aussi sociale. Pour quelle raison le *mi* majeur est-il doré ? Est-ce à cause du son doré du clavecin, ou parce que la première fois que l'on a expérimenté cette association, cette lumière dorée nous a éblouis ? » Sciarrino considère la peinture comme plus intuitive que la musique, proche de l'architecture ; sa découverte de l'œuvre d'Alberto Burri, surtout de la série des « Sacchi », en même temps que celle du matériau, fut « comme un amour foudroyant, une explosion » ; mais il voit moins d'analogies avec le concept de matériau de Burri et sa façon d'utiliser des matériaux utilisés ou détruits, qu'avec une entrouverture des sens constituant l'arrière-plan de certaines compositions. Voit-il alors, dans la désolation apparente des matériaux esquintés de Burri, dans ces toiles sur la toile qu'est *Sacco e bianco** (« Sac et blanc »), un mur lézardé en quelque sorte, un mur qui s'ouvre dont la lézarde devient un « abîme où nous perdre ». De la même façon, et par un travail de perception « ascétique », en contemplant longuement l'univers imperceptible de bruits exigus, peu à peu ceux-ci se modifient, s'amplifient, terrorisent : tels ceux qui creusent le silence de la nuit. Une musique, alors, peut commencer.

L'enfoui et le fugace

Qui parcourt le colossal corpus des œuvres de Wolfgang Rihm, dessinateur à ses heures, relèvera de nombreux titres – des partitions, aussi, dédiées à des amis peintres, Kurt Kocherscheidt ou Per Kirkeby – témoignant de préoccupations picturales irrassasiées – surtout pour ce qui est des aspects tout à fait tangibles du processus de création, tel l'acte de peindre. Quand on lui demande en effet si, composant, il pense aussi en concepts de couleur, Rihm répond : « Plutôt en couleurs ou en dégradés de couleurs qu'en concepts de couleur. Je pense plutôt en *transcription en couleurs*, en *application de couleurs*. Souvent déjà, j'ai utilisé cette comparaison : je conçois le temps comme une membrane, comme une *préparation* (*Malgrund*), et j'y applique mon écriture musicale, mes signes sonores. Comme sur la toile – cet *Automne II** de Kirkeby par exemple –, il est des degrés divers de repeints, de matières picturales, d'empâtements. » La peinture, sa structure et sa production, se réfléchit en langue musicale, sans lui être analogue.

Pascal Dusapin dit, en imaginant de la musique, voir des formes, « entendre » des formes, même, « tant ce déplacement entre vision et oreille intérieure [lui] est familier [...] Comme si l'invention de [sa] musique passait par le filtre mental d'une production de formes géométriques très souples, à l'image d'une danse de figures abstraites entrelaçant lignes, masses, angles, tourbillons, blocs, volumes... ». La musique est donc beaucoup moins un objet inerte qu'un organisme vivant (au sens où la biologie peut l'entendre) ; une forme musicale est comme un « organisme animé par la vie où chaque partie s'élabore et se développe en fonction d'un dynamisme global. Les forces qui façonnent cette forme agissent comme des poussées d'énergie émergeant du cœur même de la matière ».

Le Roumain Corneliu Dan Georgescu trouve un appui, audiovisible, dans les œuvres du microbiologiste puis peintre (« décoratif-expressionniste » et « néoprimitf » pour la critique) Ion Tuculescu (*Symphonie n° 3* « Les regards des couleurs ») ; ou dans celles de Mondrian (*Hommage to Piet Mondrian*) ; celles de Christoph Niess (*NordSeeHorizonte*). Quant à Philippe Manoury, il s'inspire directement, ce qui est plutôt rare chez lui, dans *Fragments pour un portrait*, des recompositions, dues à Francis Bacon, du portrait du pape Innocent X de Vélasquez. François Bayle, de son côté, rend un hommage musical à Max Ernst avec *Tremblement de terre très doux* (tiré du cycle *Erosphère*), qui veut évoquer « le monde des images auditives accordées à la fantaisie des rapports inattendus. » Comme dans ce « tableau » imaginé de Ernst (le vrai, pourtant, il l'a cherché longtemps, qui n'existe pas !), où roulent galbes et torsades de chevelure, où pétille l'incarnat d'une peau, comme dans cette musique fabriquée avec des traces, des empreintes, des transits et courbes auditives voluptueuses. Quelle joie, trouver la forme ! Sa maîtrise rend alors abstrait « l'archétype du désir sexuel ». C'est à partir de la vision des peintres que Bayle est « saisi » par la vibration des choses, l'organisation des formes : « Je m'en [sens] proche en travaillant mes surfaces, en colorant mes volumes, en ombrant les contours de mes nuages, en croisant les angles mélodiques de mes flux pointillés. » Gérard Pesson, lui, dont la manière sensitive, l'esthétique de l'enfoui et du fugace mieux que toute autre donne le branle aux « petites perceptions » leibniziennes, celles qui font « que tout est conspirant » par exemple, Pesson qui affirme se préoccuper de « l'empreinte gestuelle du son (montrer ce qui s'entend, ou *plutôt* faire entendre ce qui se voit) », Pesson à cette allure avoisine Annette Messager. Chez le jeune Espagnol Francisco Coll, chaque œuvre musicale trouve son point de départ dans l'une de ses œuvres peinte au préalable et qui détermine sa musique ; ainsi *Hidd'n Blue*, pour grand orchestre, s'inspire d'une toile portant le même titre. Les couleurs inventent les notes qu'il compose. Enfin, dans la création de Philippe Schœller, autre étoile double, dès les premiers moments de sa vie, chaos tramé de correspondances, la synesthésie est « permanente, naturelle, fondamentale, parfois douloureuse dans son intensité » ; importance d'abord du toucher, de l'odorat dans les supports et matériaux ajoutés de ses œuvres peintes : aquarelles, huiles, encres, crayons et plumes, pinceaux, brosses et couteaux, cires, chiffons imbibés et frottés, pointes en métal, etc. Peindre, comme il le dit avec bonheur, c'est « rêver les mains-musiques avec le regard agissant » (la série des *Nothing*, ainsi). Ce qui s'impose à lui, de plus en plus : « les harmoniques des étagements d'odeurs, les préhensions tactiles, les sonorités en mouvement, mais aussi les déplacements des objets et des corps dans l'espace et ce, dans une forme de carrousel polysensoriel d'un tranquille (pour le moment !) délire » (juillet 2011). La synesthésie s'applique aussi à l'image de cinéma : Schœller compose les musiques de films de son frère Pierre Schœller, *Versailles* (2008) et *L'exercice de l'État* (2011). L'image filmique, pour le compositeur, est analogique, l'image picturale, « cosa mentale ». « On pourrait croire, dit-il, que le film est temporel, l'image picturale, non. Il s'agit bien de l'inverse. Sauf que le temps comme chronologie du mouvement est absorbé par l'œil, d'emblée, dans le film, alors que dans l'image picturale il est désiré et comme "mangé" lors de la projection mentale que met en mouvement l'observateur. »

Contaminations

La littérature musicale abonde en images sonores, sommées par des œuvres picturales. Force est d'élider les affinités électives rabâchées pour nous focaliser sur quelques exemples plus significatifs et plus actuels.

Certaines pistes révéleront la diversité des sources d'inspiration. Les vertiges fixes de Maurits Cornelius Escher, le cinétisme de Jesús Rafael Soto, les rythmes convulsés de Francis Bacon, les images fractales, ou les entremêlements d'Albrecht Altdorfer entretissent l'élaboration des œuvres de György Ligeti. Dans *Lontano* (« Lointain »), l'espace joue un rôle majeur, même si purement imaginaire, l'auditeur le perçoit clairement, qui y discerne de soudaines éclaircies, « comme si la musique, explique le compositeur, était transpercée par de la lumière par-derrière » ; en outre, il associe spontanément cette « polyphonie composée », ensemble de couleur sonore et de surfaces harmoniques changeantes, avec *La bataille d'Alexandre** d'Albrecht Altdorfer : les nuages bleus s'y déchirent avec, derrière, le rayon du soleil qui transparaît au travers. Dans *Clocks and Clouds* (« Montres et Nuages »), de Ligeti toujours, les agrégats sonores hésitent entre l'exactitude mesurable du tic-tac et la mouvance irrésolue des nuages : *Les montres molles* de Dali se nomment aussi *La persistance de la mémoire.* Le compositeur et polymathe espagnol Luis de Pablo se dit accompagné par les portraits du Fayoum, les dessins de Botticelli pour la *Comédie* de Dante, ou les poupées que Klee imagina pour l'amusement de son fils Felix, les œuvres de surréalistes, surtout *Une semaine de bonté* de Max Ernst. La très angoissante étrangeté d'Alfred Kubin traque l'Autrichien d'origine allemande Hans Erich Apostel ; celle de Francisco Goya les compositeurs Manfred Gurlitt, Alexander Goehr ou, en 2009, Alberto Posadas qui « interprète » *Cuatro escenas negras,* pour ensemble, électronique et vidéo. Les phylactères, mais aussi les peintures de paysage de Wilhelm Busch stimulent Bernd Alois Zimmermann, ou Wilfried Hiller. Les exacerbations d'Egon Schiele remuent la Russe Tatjana Komarova qui en 2002 mûrit le cycle *Ungemalte Bilder* (« Peintures non-peintes »), pour quatuor à cordes. Le Suisse Louis Soutter, violoniste (il fut l'élève d'Eugène Ysaÿe à Bruxelles) et peintre asocial, et « maudit », passe les vingt dernières années de sa vie interné dans une maison de retraite, où il poursuit une activité toujours pratiquée. Les photos la montrent, cette torture du maudit, comme la décrit Jacques Chessex : « les yeux profondément enfoncés sous un chapeau melon cabossé, la maigreur effrayante d'une face vide, hallucinée, où la mort paraît n'avoir laissé que des ombres blanchâtres et la fente d'une bouche qui sifflote ironiquement sur l'horreur de vivre en fantôme. » De Soutter, les œuvres picturales et dessins (ainsi *Glace d'argent, miroir d'ébène**[1]), où domine le noir du désarroi – plus de 4 000, dont la moitié disparaîtra –, comparables à ceux d'artistes-écrivains : Antonin Artaud, Friedrich Dürrenmatt ou Henri Michaux, bouleversent Heinz Holliger – comme d'autres artistes de la folie et de la mort : Schumann (mort dans le silence à « Enden-Ich »...), le Hölderlin-Scardanelli, Robert Walser, Nelly Sachs... Holliger lui rend hommage dans son *Concerto pour violon* (écrit en huit ou neuf jours, « comme dans un délire ») ayant trouvé dans l'œuvre de Soutter, sans jamais vouloir l'illustrer, de très nombreux éléments qui l'inspirent : « Son trait extrêmement nerveux peut presque se transposer directement en hauteurs de son. » Ses images donnent « l'impression de mouvements très violents qui se seraient soudain figés ». On entend ainsi des éclats multiples de musique, d'un coup ses espaces aussi.

Entre 2008 et 2011, le Triestin Fabio Nieder tâche à dépeindre la « personnalité sonore » de *Der Bilderfresser* (« Le dévoreur d'images »), théâtre musical pour chœur, dix-huit

---

1. Le compositeur, hautboïste virtuose et chef d'orchestre Heinz Holliger fut enchanté et déchiré par les œuvres hallucinées de Louis Soutter, lesquelles, pour lui, sonnent, âpres et noueuses, comme des vibrations d'ondes acoustiques. Dans cette encre et gouache, l'érection des tiges, le gonflement des fruits, le calme apparent d'une végétation charnelle et organiquement rythmée démasquent la hantise d'une régénérescence, d'une mise à mort de la mort.

groupes d'orchestre, piano, accordéon et percussion ; les quatre dernières années, dans un hôpital psychiatrique, de la vie, chargée de visions et de fantômes, du peintre, triestin d'adoption, Vito von Thümmel (ou Viktor von Thümmel, ou Vito Timmel), arrogant, narcissique et soûlard, que sa savante technique oubliée n'autorisait plus qu'à dessiner ses rêves, grotesques ou effrayants ; à les légender, presque toujours ; à endurer le « désespoir de n'être plus rien, plus personne, fini, le pinceau à la main comme un balai à cabinet », écrit un autre Triestin, Claudio Magris, dans *L'exposition*, récit qui joua, en quelque sorte, le rôle de livret pour le compositeur. Qui imagine alors « une espèce, disons d'opéra, qui commence comme un opéra et qui, avec le temps, oublie de plus en plus les mots, ou alors dans lequel les mots sont de plus en plus retirés ou dérobés ; à la fin ne subsiste que le pur monde du son, ou alors la voix mais pratiquement nue de mots ». Dix-huit images défilent comme dans une lanterne magique, ont leur propre voix instrumentale, chacune exécutée par l'un des groupes d'orchestre : elles apparaissent, certaines se chevauchant, vivent leur vie, en vrille disparaissent, dévorées, en un clin d'œil, par les mots qui les nomment.

Un tempo sans temps

La collaboration entre peintres et musiciens peut féconder la pensée et élargir les possibilités de la peinture et de la musique. Ainsi celle du peintre Otto Griebel avec le compositeur Erwin Schulhoff. Ce dernier, touche-à-tout de très grand talent, dont le jazz fut le dénominateur commun, un temps dadaïste, estime que la musique dada est totalement libérée des « tonalités et rythmes impérialistes » ; et invente une sonorité sonore d'une « intensité de popotin » avec pets et bruits divers, un anti-art par excellence. Griebel réalise dix lithographies aquarellées, cubofuturistes, pour dix pièces lapidaires et percutantes pour piano, inspirées d'Alois Hába, instaurant un dialogue ouvert et silencieux entre image et musique. Ce travail commun, en une luxueuse édition, paraît à Dresde en 1920 sous le titre *Zehn Themen* (« Dix thèmes »). Au même moment, à Dresde toujours, Schulhoff dédie au « Peintre et Dadaïste George Grosz », aussi passionné que lui de danse mondaine, *Fünf Pittoresken* au rythme du fox-trot, du ragtime, du one-step et de maxixe. Le troisième morceau, « In futurum », absolument dadaïste, doit être joué dans un tempo sans temps ; il ne se compose que d'une page de signes de pause, avec néanmoins toutes les combinaisons possibles : une pause générale nommée en l'honneur de Grosz « Pause du Maréchal ». D'insolites mesures à 3/5 et à 7/10, des points d'interrogation et d'exclamation, virgules et crochets, soleils souriant ou pleurant avec leur hampe viennent compléter ce bel exemple de musique visible.

Au XXIe siècle, c'est avec le peintre Raphaël Thierry, qui à toute technologie préfère les matériaux bruts, huile, fusain ou surface vitrée de sable, éclairée par une source lumineuse sous-jacente, sur laquelle il dessine et efface, ayant « l'impression de jouer d'un instrument », que le compositeur Jérôme Combier dialogue et entre en résonance. (On pense ici aux expériences d'« acoustique visuelle », ronde plaque de verre, sable fin et vieil archet de violoncelle, faites par le père d'Adrian Leverkühn, dans *Le Docteur Faustus* de Thomas Mann. Ou à la nouvelle technique d'abrasion due à une soufflerie projetant du sable, qu'utilisa Josef Albers en 1925 pour une composition sérielle intitulée *Fugue II*.) Deux idées naissent chez Thierry et Combier d'un projet de mise en scène : d'une part, « une certaine rhétorique commune de l'apparition et de l'effacement » que le compositeur croit trouver dans sa musique (*Vies silencieuses*, 2004-2006) ; de l'autre, la dichotomie entre les deux formes de temps – celui du dessin qui hésite et cherche, « se cherche pourrait-on dire », enchaîne Combier, et celui, « irréfragable de la musique » – féconde contradiction que les artistes ne cherchèrent surtout pas à « concilier », en ce qu'elle permit à la peinture et à la musique de « coexister sans s'étouffer, sans surcharger la perception ». L'œuvre plastique est donc chez Combier l'aube de la première palpitation d'une certaine matière sonore, rarement, pense-t-il aujourd'hui, d'une structure ou d'un mode de structuration de sa musique.

Le démon de l'analogie

Louis-Alexandre-César Bombet, alias Stendhal, confesse, en 1814, dans ses *Lettres écrites à Vienne, en Autriche, sur le célèbre compositeur Haydn...* : « La manie des comparaisons s'empare de moi. » Celle-ci fut contagieuse. Sans cesse on s'ingénia d'établir des jumelages, de constater parallèles et analogies, hasardées, parfois pertinentes, entre Dufay et Piero della Francesca, Vivaldi et Canaletto, Mozart et d'Indy et Ingres ! Haydn et Fragonard, Rossini et Titien, Reger et Böcklin (son *Ermite jouant du violon**[1]) ; ou Bach et Dürer (pour Klee), Rameau et Watteau, Richard Strauss et Böcklin (selon monsieur Croche Debussy), Ravel et Matisse. Voire Mahler et Böcklin et Klimt, Earle Brown et Friedrich Vordemberge-Gildewart.

Il est toujours très difficile d'établir clairement et formellement une intimité, voire une osmose entre un compositeur et un peintre. Pierre Boulez, essentialiste et « séparatiste », écrit, dans « Le geste du compositeur » : « La transcription directe d'un univers dans un autre ne peut être que décevante, parce qu'elle ne tient pas compte des lois propres à chaque univers. » Louis Aragon, dans *Henri Matisse, roman*, écrit que c'est par confusion des langages que l'on parle de musique pour décrire la peinture, et que « Baudelaire a bon dos, qu'on rendra responsable de ces "correspondances", qui ne sont pas valables pour passer de l'autobus symphonie

1. *L'ermite jouant du violon* pour les anges anime le premier des *Quatre poèmes symphoniques d'après Böcklin* de Max Reger. Mêlant « force baroque » et « tendresse romantique », sa musique reste personnelle ; à l'image de ces Poèmes, déséquilibrés, où alternent douce piété – comme celle de Böcklin s'éloignant ici de ses tracés habituels – et couleurs instrumentales sombres ou radieuses. D'inguérissables « fauréens » eurent la surprise d'y retrouver, en quelques glissements et mirages harmoniques, une allusion fugitive au prélude pour *Pelléas et Mélisande* de Debussy.

au métro lumière ». Certes, les « correspondances » discernées sont souvent artificielles, réductrices, anecdotiques ou établies après coup ; mais parfois, la nuance est de mise, des hasards sont inévitables, une combinatoire, un parallélisme, voire une *transmutation*, peuvent se rencontrer. Le *Wozzeck* d'Alban Berg évoquerait *Le cri* d'Edvard Munch (voir p. 12), sans doute par l'effet de son silence visuel : la musique est issue du silence ou du cri. Les révolutions du bebop et l'expressionnisme abstrait ont des racines communes si l'on tient compte de la « liberté », en grande partie mythique, et de la fin tragique et quasi simultanée de leurs protagonistes, Charlie Parker et Jackson Pollock (qui peint des toiles de plus en plus imposantes [*Number 26 A, Black and White**[1]] ; posées au sol, elle deviennent des surfaces à arpenter. De même, certaines de Klee, que le spectateur, prenant son temps, était convié à « brouter »). John Cage et Marcel Duchamp seraient l'envers et l'endroit d'une même médaille, en raison de leurs quêtes, diamétralement opposées. Picasso serait le Stravinsky de la peinture, Stravinsky le Picasso de la musique ; c'est malencontreux, ou doctoral (fors une collaboration parfois symbiotique : *Pulcinella, Ragtime*) : Picasso, sans relâche, réinvente, trouve jusqu'à la fin de sa vie, chambarde, Stravinsky, souvent en sa vie, retrouve, rapièce : il se charge à la fois « de l'attentat à la dynamite et de l'assurance sur la vie », raille Adorno. Pour ce qui est de la luxuriance créatrice, c'est Wolfgang Rihm qu'il sied de rapprocher de Picasso. Le travail compositionnel de Rihm est un perpétuel *work in progress*. Ses œuvres, il les

1. Pollock, jour et nuit, écoutait du jazz, surtout du bebop. Sur cette toile, les giclées rageuses de pigment, à l'aide d'un bâton de bois ou éventuellement d'un pinceau (*dripping*), et les entrelacs rythmés, saturant un espace sans bords ni centre, s'apparentent aux solos fulgurants de Charlie Parker, tels ceux de *Bird Gets the Worm*, de *Leap Frog* ou de *Ko Ko*. D'un côté Pollock : l'œil du spectateur, déconcerté, explore, s'égare, ne peut démêler ce lacis de filaments déversé sur une surface impénétrable. De l'autre Parker : l'oreille de l'auditeur, radieuse, accompagne le déferlement de notes, paradoxalement opaques et lumineuses, les amples fulgurances, sans cesse recommencées, souvent ravagées, de celui qui fut pertinemment surnommé Bird, l'Oiseau.

reprend sans cesse, les repense, les remanie, y fait des ajoutages, les « surpeint », dit-il. Trente ans se sont passés depuis les premières pièces aimantées par *Le théâtre de Séraphin*, d'Antonin Artaud, à l'origine de nouveaux « états » (*Zustände*) de ce matériau et ce jusqu'à la *Seraphin-Symphonie* pour ensemble et grand orchestre (1993-2011). Rihm, demeure, au début du XXIe siècle, le plus généreux dispensateur de voluptés sonores et de correspondances attentives.

Conjuguer Webern et Mondrian ? Outre que Webern ne connaissait pas la peinture de Mondrian, que celui-ci n'avait jamais entendu une note de Webern, que tous deux n'aient plus s'influencer directement, quand même leurs œuvres, rigoureuses et raréfiées, se sont trouvées en « sympathie », dit Boulez, il serait plus congru d'associer Webern, où « chaque soupir est roman » (Schoenberg), où la couleur et la sensualité sonores bouleversent (les *Six pièces* de l'opus 6), à Rothko (qui voyait en Mondrian un « peintre obscène », « un calviniste qui a passé sa vie à caresser la toile ») ; Rothko dont les tableaux expriment profusément les sensations des choses secrètes et l'angoisse des hauts fonds.

L'amalgame peut être menaçant : Goya, la fulgurance des noirs et des blancs dans *Les désastres de la guerre*, et les cassures, les dislocations, les déflagrations sonores de Helmut Oehring (*« Ich habe alle gesehen... » GOYA III* ; 2007-2008). Ou cinglant : la volonté d'Olga Neuwirth de retrouver, partant d'un triptyque de Frank Stella, issu de la série *Imaginary Places*, les illusions du relief que le peintre crée sur la surface de la toile. Ou en esprit d'escalier : les contrepoints entre Bernhard Gander et son ami le peintre Georg Vinokic, comme dans *Der Melonenbaum* (« Le papayer ») pour accordéon, clarinette basse et percussionniste. Ou « perpendiculaire au temps », entre Peter Ablinger et les traits et lignes brisés de Giorgio Griffa. Et encore, indéniable : l'accord entre deux maîtres du demi-mot, Watteau et Gérard Pesson, derechef, aimeur d'images mystérieuses et détournées, dont les œuvres souvent reflètent une liesse inquiétante, un raffinement très « impur ». Mais aussi captivent, capturent et bloquent le temps : c'est le triomphe imperturbable de fantômes apaisés ;

comme celui de Watteau dans *Les deux cousines**, où la fixité de l'image, clairement, cache des remuements. Le temps est arrêté, qui flue pourtant. À l'image du temps de la réalité, aussi réel que le temps de la musique, des temps autres pourtant, « quoique se confondant lors de l'écoute musicale », écrit Clément Rosset dans *L'objet singulier*. Qui ajoute : « Le temps musical met en sourdine le temps réel, substituant à son écoulement insaisissable l'assurance quasi ontologique d'un temps maîtrisable à merci, gage lui-même d'une réalité entièrement soumise au gré du compositeur qui en ordonne le temps. L'effet musical apparaît ainsi comme un effet non d'expression mais de contrepoint, qui superpose les séries hétérogènes du temps musical et du temps psychologique. »

Un peu d'histoire

La séparation des arts du temps et de ceux de l'espace, à savoir l'étanchéité de chaque art, garante de la beauté, est formulée, à la Renaissance, par Leon Battista Alberti (*De re aedificatoria*), puis par Léonard de Vinci dans l'un des arguments du « parallèle des arts » (*paragone*) : « La proportion de l'imagination à l'acte, écrit-il dans le *Traité de la peinture*, de l'ombre au corps qui la projette, est celle qui existe entre la poésie et la peinture. » Vinci oppose, dans sa distinction entre vision et audition, les arts de l'*instant* (peinture, sculpture), le fixe, et les arts du *temps* (musique, poésie), le flux, dont les œuvres sont précaires, en ce sens qu'elles sont sans cesse en train de s'évanouir devant celui qui est en contact avec elles. Il souligne également que l'art est création, et non imitation ; déclare et démontre la prééminence de la vue, sens « le meilleur et le plus noble ». En effet, la vue n'est pas, contrairement aux apparences, une activité sensorielle, mais bien une activité mentale, et des plus élevées puisqu'elle donne un sens aux choses vues. La peinture précède donc la musique et la poésie, arts de l'audition, à savoir d'une activité sensorielle. Cette séparation est aussi étudiée par le moine franciscain, philosophe et kabbaliste de Venise Francesco Zorzi, ou François Georges (contemporain de Pic de la Mirandole), dans *De harmonia mundi totius, cantica tria*, ouvrage de structure musicale (il se divise en trois cantiques, se termine par vingt motets), que Guy Le Fèvre de La Boderie, traducteur en 1578 de l'œuvre, décrira comme « un grand tableau d'œuvre de marquetterie faict à la Musaïque, ou plutost à la Mosaïque, auquel les petites pièces de diverses figures et couleurs sont si bien joinctes et rapportées que le tout ensemble estre d'une seule pièce de plusieurs peintures artistement embellie et distinguée ». Un clivage également noté par le polygraphe Saint-Réal dans les digressions de son *Césarion*, ou, enfin, par Diderot ; lequel estimait que les arts ont chacun leur « hiéroglyphe » (par définition mystérieux), et que leur rapport au temps est *chaque fois* autre. Aussi le peintre ne peut-il représenter qu'un moment, et pas n'importe lequel. Il ne saurait montrer « le moment frappant », celui par exemple où « Neptune élève sa tête hors des eaux, car on ne verrait sur la toile qu'un homme décapité » (*Lettre sur les sourds et les muets*, 1751).

Mais c'est Lessing qui, dans son texte fondateur, *Laocoon ou Des frontières de la peinture et de la poésie* (1766), et tout en admettant l'influence de Diderot, affirmera vigoureusement la *spécificité* des deux arts, la peinture et la poésie, et avec celle-ci la musique : « Les couleurs ne sont pas des sons et les oreilles ne sont pas des yeux. » La poésie, et la musique, est avant tout un art du « temps » qui utilise des « signes successifs » ayant trait à l'« action », alors que la peinture est un art de l'« espace » qui utilise des « signes juxtaposés » exprimant des « objets ». Par là même, Lessing balaya la doctrine, alors dominante, de l'*ut pictura poesis* (Horace), qui voulait qu'un poème et un tableau soient esthétiquement semblables. (Pour faire pendant à la stricte séparation voulue par Lessing entre peinture et poésie, le dramaturge autrichien Grillparzer – annonçant le radicalisme d'Eduard Hanslick, théoricien du formalisme musical – espéra que l'on écrivît un « Rossini ou les frontières de la musique et de la poésie », la musique étant considérée comme un art autonome. Ce qui aboutira au concept de « musique absolue » ou « musique pure », de musique « anti-descriptive », celle qui puise son contenu esthétique dans sa propre forme.) Bref, cet hiatus entre les arts, cet émiettement est jugé aventureux, illusoire et arbitraire. Au bel ordre de la raison, succéderont l'épanchement de l'espace et du temps dans la vie réelle, la compénétration de la mouvance et de la forme, la tendance qu'ont les arts de s'unir, voire de se dissoudre les uns dans les autres. Cette synthèse et ce décloisonnement des arts sont la grande tâche des romantiques allemands. Naissent alors une perception neuve, car transgressée, des œuvres, l'attention à de nouveaux thèmes, et le déchiffrage d'une réalité inimaginée.

Fantasmes archéologiques

Peu avant la *Farben-Kugel* (« La sphère des couleurs »), traité de Philipp Otto Runge (paru la même année, 1810, que l'imposante et fondamentale *Théorie des couleurs* de Goethe), et de son prélude de l'œuvre d'art totale, *Die Zeiten* (« Les temps ») ; avant Baudelaire (la « ténébreuse et profonde unité » des « Correspondances »), et avant le « radotage de dégénérés » (Max Nordau) que serait le *Gesamtkunstwerk* wagnérien, Ernst Theodor Amadeus Hoffmann écrivait, dans ses *Kreisleriana*, qu'il percevait parfois « une manière d'accord entre les couleurs, les sons et les parfums. Il me semble alors, poursuit-il, qu'ils se manifestent tous, de la même façon mystérieuse, dans la lumière du soleil, pour se fondre ensuite en un merveilleux concert. L'odeur des œillets rouge sombre exerce sur moi un pouvoir étrange et magique : involontairement je sombre dans un état de rêve et j'entends alors, comme venu du lointain, les sons profonds du cor de basset. »

La synesthésie triomphe à la toute fin du XVIIIe siècle dans un contexte de mise en valeur des sens propre à l'empirisme. Et c'est un autre Hoffmann, le peintre et musicien Johann Leonhard, qui tente de systématiser les correspondances en élaborant une première répartition des couleurs dans les grandes familles de timbres musicaux : le bleu est associé aux cordes frottées (violon, alto, violoncelle), le vert à la voix humaine, les couleurs chaudes (du jaune jusqu'au pourpre) aux bois et aux cuivres (trompette, flûte traversière, hautbois, cor, basson). Outre cette analogie, Hoffmann compare un lavis coloré à une sonate, une grande peinture à un concert, une peinture aux brillantes couleurs à une symphonie. (Ces correspondances « sentimentales » furent démystifiées, entre autres par le psychologue allemand Wilhelm Wundt en 1874, dans ses *Éléments de psychologie physiologique*.) L'esthétique musicale romantique qui se dégage des écrits de Schelling, premier penseur romantique, des frères Schlegel, de Tieck, de Wackenroder, de Gottfried Keller, de Novalis, de E. T. A. Hoffmann et de Runge, un désir d'universalité, la croyance en la fusion de la musique et de la peinture, ou en celle des sons et des couleurs, contribua donc à l'épanouissement d'œuvres sans académismes, aérantes et libres de frontières. Un heureux exemple en serait les tremblements, la vertigineuse violence et les escarpements du *Quatuor en sol majeur* de Schubert contrepointant les masses claires et fuyantes des *Falaises de craie à Rügen* de Caspar David Friedrich. Dès la première moitié du XIXe siècle, l'apparition de la musique instrumentale « absolue », celle de l'esthétique des timbres, accompagnée d'un grand nombre de traités d'instrumentation, jusqu'à celui de Berlioz, et de plusieurs inventions instrumentales (le pyrophone de Frédéric Kastner ou le clavicylindre d'Ernst Chladni) suscitent, en même temps qu'une nouvelle approche de la peinture, de nouveaux émois synesthésiques (renouvelés encore spectaculairement, à la fin du siècle, par le développement de l'éclairage électrique – métaphore du feu divin chez Scriabine). Par la suite, fantasques à facettes, zélateurs du jeu des perles de verre, les symbolistes chevauchent fantastiquement la couleur et le son, pendant que les impressionnistes, s'efforçant de fixer les glissements de la lumière, se font les êtres d'un moment, d'une intuition, d'un « coup d'œil » ou d'une « petite phrase ».

Depuis lors, une évolution de plus en plus radicale s'est poursuivie qui détermina une spécificité des différents arts, désormais inalliables, ayant chacun leur domaine, leur univers, avec l'authenticité de leur jargon, leur essence propre. Ce désir de l'Un et du Total, ce fantasme unitaire, cette furie d'affinage, de purisme, ne pouvaient qu'aboutir à des expressions définitivement archéologiques et vides de toute lumière rythmique, celles des monochromes fadasses en peinture, ou des « plages de silence » délicieuses d'ennui en musique. (En 2009, le Centre Pompidou de Paris croit utile de souffler sur les braises d'un feu pâle en « rétrospectant », avec les manifestations « Vides », diverses conceptions de la vacuité depuis l'exposition d'Yves Klein en 1958.)

Zones de perméabilité

De nouvelles correspondances, de nouveaux tamponnements et courts-circuits entre les arts, notamment entre la peinture et la musique, singularisent l'esthétique du XXe siècle ; et ce, avec l'avènement du collage et de la citation, des nouvelles technologies. Jusqu'aux clowneries « culturelles », aux gargouillis technoïdes, au fretin des vidéoclips et au mercantilisme des artistes-marchandiseurs bien nourris du début du XXIe siècle (« Qu'est-ce que c'est, "dégueulasse" ? » demande à bout de souffle Jean Seberg).

Sans doute s'agit-il d'ailleurs moins de « correspondances » que de roulements de marées sur la musique et la peinture, les submergeant, les interpénétrant ou mettant à nu leurs franges d'écume ; ce qu'Adorno nomme la « tendance à l'effrangement » (*Verfransungstendenz*), à l'effritement et au déplacement de leurs lignes de démarcation résultant d'une poussée immanente à chacun des deux arts : « Les arts ne convergent que là où chacun suit de façon pure son principe immanent. » Malgré les brouillages et les promiscuités, les classifications et les syncrétismes, la musique et la peinture « convergent en tant que fait spirituel », dit encore Adorno. De l'harmonie du monde des pythagoriciens aux technologies polysensorielles d'aujourd'hui, les multiples démarches coude à coude des peintres et des musiciens – quand même ils sont toujours pris d'un désir inassouvissable – n'ont-elles pas pour but d'atteindre l'incurvé sensuel et l'intelligible mathématique, cette *basse continue* qui représente l'ordre secret entre les arts ?

III

Harmonies des mondes

Le frou-frou des sphères

La musique ensoleille l'ensemble de la Création, en révèle la mécanique insolite et préoccupe les rêves de l'homme. Pythagore et ses disciples, ceux qu'on appelle pythagoriciens, dont les connaissances en astronomie eussent été assez audacieuses, appliquèrent l'harmonie des nombres à la description de l'harmonie qui règle le mouvement des planètes : du son de l'*aulos*, simple ou double à anche, ou de celui de la kithara, telle que la figure le Peintre de Berlin*[1], on passe à celui des sphères suprêmes. Ces théoriciens seraient arrivés à l'idée d'une équivalence parfaite, chiffrée par de simples rapports

1. La kithara – qui dérive probablement de la phorminx, « au son clair », comme il est dit dans l'*Iliade* –, la plus ancienne lyre grecque antique, a une caisse de résonance en bois, de forme trapézoïdale, que prolongent deux bras creux reliés par une barre transversale ; celle-ci se termine par des poignées qui servent moins à tourner qu'à bloquer les cordes après l'accord. Entre la traverse et le corps de la caisse étaient tendues les cordes (de sept à quinze). La main droite pinçait les cordes avec le plectre, tandis que la gauche servait peut-être de sourdine et, sans doute, appuyait parfois sur les cordes pour produire des notes ou des harmoniques. Elle apparaît dans les représentations céramiques, telle celle due au Peintre de Berlin, entre les mains d'un kitharède. Massif, le virtuose disparaît presque complètement derrière son ample tunique, les pieds campés sur la ligne de sol que lui fournit le mince ruban d'un méandre. (Voir aussi p. 72.)

numériques, entre les sept degrés de l'octave et les sept planètes. Le monde est nombre. « La musique, dit Cassiodore, est la discipline qui parle des nombres. » Comme la musique est fondée sur des nombres, elle reflète l'ordre du cosmos, immense tableau spatial aux mille nuances, elle est l'« harmonie des sphères » (terme impropre puisqu'il n'y pas encore de « sphères »). Dans cette fantaisie cosmologique, qui supplée une observation scientifique encore inexistante, le terme « harmonie » doit être retenu dans le sens grec d'« échelle », de « gamme », et spécialement la gamme constitutive de chaque mode ; par conséquent d'échelle musicale des corps célestes, et non de coexistence des sons produits par les corps célestes : une suite de sons unis par des rapports, fractions, proportions déterminés. Ces lois mathématiques et physiques de la musique sont fondées sur la détermination du principe mathématique des « consonances » (*sumphônia* en grec). Jamais, toutefois, les lois de l'« harmonie », au sens moderne du terme, ne furent envisagées, fixées par les théoriciens de la musique dans l'Antiquité.

Taquiner l'éternité

Dans un célèbre et quelque peu obscur passage du livre X de *La République*, Platon, qui adopte les thèses pythagoriciennes, décrit, dans le songe initiatique d'Er le Pamphylien, cet étonnant système, ordonné et immuable, où les huit sphères des planètes tournent en cercles concentriques (sept planètes rangées à partir du premier cercle des étoiles fixes). Sur le haut de chaque sphère se tient une Sirène qui accompagne la révolution et émet une note unique, « l'ensemble de ces huit sons donnant un accord consonant ». Mais l'homme ne peut entendre une telle musique, silencieuse, puisque d'abord structure harmonique formalisable mathématiquement. Au Iᵉʳ siècle avant J.-C., toutefois, le philosophe et esthète Philodème de Gadara, avec vigueur balaiera cette idée fantaisiste d'une musique des sphères, et celle, arbitraire, d'une ressemblance entre la musique et la cosmologie ; des « sornettes » selon lui (*Sur la musique*, Livre IV, col. 144).

Au XXe siècle, cet achèvement de Paul Valéry : « Si Bach eût cru que les sphères lui dictassent sa musique, il n'eût pas eu la puissance de limpidité et la souveraineté de combinaisons transparentes qu'il obtint. Le staccato. »

Transmise par les Romains, qui ne montrèrent pas, pour les choses de la musique, un goût aussi passionné que les anciens Grecs, qu'ils démarquèrent parfois (Cicéron reprend le rêve de Scipion au chapitre VI de sa *De republica*), les harmonies des mondes, ou tout au moins certains de leurs ingrédients, renaissent au Moyen Âge dans la « musique théorique » qui, dans le *quadrivium*, en tant que science du nombre en mouvement, prend place aux côtés des trois autres sciences des nombres : l'arithmétique, la géométrie et l'astronomie ; mais seule la musique peut rendre le nombre perceptible par les sens, d'où l'importance qu'on lui accorde. Remaniée, cette harmonie, cette gamme musicale que « jouent » les planètes, s'adapte à la tradition chrétienne, désigne désormais une tout autre réalité, taquine l'éternité. Ainsi le pieux Cassiodore s'efforce de transposer dans le registre chrétien l'éthique des modes (*harmoniai*) grecs (dorien, phrygien, éolien, iastien... selon leur région d'origine). Séraphins, anges et chérubins supplantent sirènes, sibylles et muses, soulèvent des chants célestes, déroulent des torrents de lumière : l'harmonie du monde est un reflet de l'œuvre de Dieu ; elle arrache l'homme à lui-même, lui donne un avant-goût du bonheur absolu.

Élaboré par Augustin (*De musica*, inachevé) et Boèce, le concept d'*harmonia mundi* se déplace peu à peu des planètes jusqu'au ciel des chrétiens chantant la louange de Dieu, les relations harmonieuses qu'Il entretient avec ses créatures. Boèce compose *De institutione musica* (« Traité de la musique », cinq livres, dont le dernier est incomplet, mûris au tout début du VIe siècle d'après des auteurs grecs, seuls connus alors), fondement de la spéculation musicale théorique occidentale durant tout le Moyen Âge (Guido d'Arezzo, Johannes Cotton ou Adélard de Bath s'en inspireront), et jusqu'à Jean-Philippe Rameau (*Traité de l'Harmonie réduite à ses principes naturels*, 1722). Boèce y définit l'essence de la *musica* selon trois classes successives : la *musica mundana*, c'est-à-dire cosmique ou céleste, non perceptible par les sens humains, aussi évoquée par Aristide Quintilien, Macrobe et Favonius Eulogius ; à savoir une harmonie fondamentale, virtuelle et mathématique, qui préside à l'équilibre de la « machine du ciel », au rythme des saisons, à la combinaison des éléments. La *musica humana* qui assure, toujours au moyen de rapports mathématiques, l'accord du corps et de l'âme, mais aussi des parties du corps entre elles, rappelant l'accord entre les sons graves et aigus ; c'est la musique de l'homme, la musique produite par le corps humain, et perceptible intérieurement. Enfin, la *musica instrumentalis*, musique des instruments et de la voix, seule perceptible par les sens, qui consiste, en prolongeant les rapports entre l'homme et l'univers fournis par la nature, à créer des objets musicaux, les sons des divers instruments élaborés par l'homme. (Pour certains chercheurs et dialectologues actuels, les trois premiers livres du *De institutione musica* serait l'habile compilation d'un vaste ouvrage aujourd'hui perdu de Nicomaque ; le quatrième proviendrait d'un traité grec présentant des théories de Ptolémée ; le cinquième, enfin, étant une paraphrase du premier livre des *Harmoniques* de Ptolémée.) Ainsi au Moyen Âge, la musique, science de toute proportion, s'arroge la prééminence sur les autres arts, pendant que la peinture, selon le très autorisé clerc canoniste Guillaume Durand de Mende, serait supérieure à la littérature, car l'image immédiatement frappe la vue.

Ces labyrinthes sémantiques

Dès la fin du Moyen Âge, les premiers doutes surgissent, dont quelques échos assourdis subsisteront (ainsi le déploiement des sphères célestes que montre l'assomption de Séraphîta, dans l'agaçante œuvre homonyme de Balzac, et la découverte, par deux de ses héros, Wilfrid et Minna, du « principe des mélodies en entendant les chants du ciel qui donnaient les sensations des couleurs, des parfums, de la pensée, et qui rappelaient les innombrables détails de toutes les créations »).

Au tournant des XVIe et XVIIe siècle, la science, ainsi que l'épistémologie dont le rôle commence de peser, connaît de profonds bouleversements. Pour le mathématicien et théoricien Johannes Kepler, héritier de Copernic et du modèle héliocentrique, le mouvement des planètes est une musique, ou démonstration de la perfection divine – quand même Kepler, avec la nouvelle astronomie, nomme le Soleil, devenu le centre du monde planétaire et le foyer des mouvements désormais elliptiques, Apollon ! Il écrit, à la fin du septième chapitre de *Harmonices mundi* : « Les mouvements célestes ne sont rien d'autre qu'une musique polyphonique continue (percevable non par l'oreille, mais par l'entendement). » Paul Hindemith, convaincu d'une harmonie sonore supérieure attestée dans le jeu des proportions, s'enthousiasme pour Kepler qui lui sert de prétexte à des spéculations musicales objectives, souvent brutales et glacées, s'inspirant du répertoire musical alors à la mode (Johann Hermann Schein), ou du style de formes anciennes (choral, passacaille, chanson enfantine...). Dans son opéra en cinq actes *Die Harmonie der Welt* (« L'harmonie du monde »), l'idéal de l'harmonie universelle, voire du bonheur, de la liberté, que Kepler, le héros, cherche d'approcher, se montre incompatible avec la misérable vie de chaque jour, assaisonne de disharmonies les relations entre Kepler et Susanna, la guerre de Trente Ans en toile de fond. « La forcer à l'accord (*Mitklang*) », tel sera le mot d'ordre pratique que Kepler appliquera à sa femme en vertu de la science de l'harmonie. Fichtre !

Un autre aspect de Kepler, celui de précurseur des romans de science-fiction, éclôt dans *Somnium, sive opus posthumum de astronomia lunaris*, un récit qui s'inscrit dans la longue tradition des fictions issues de rêves : Lucien de Samosate, Plutarque, Cicéron, Macrobe. L'une des étrangetés du *Songe* de Kepler, narration fantastique d'un voyage de la Terre à la Lune, provient d'une façon neuve d'aborder la réalité, où l'on est contraint de croire à son cerveau plutôt que de croire ses yeux. Ce qui intrigue, puis inspire, d'un point de vue historique, psychologique et biographique, le compositeur italien Giorgio Battistelli : en 1989, il se demande, dans sa

« fable musicale d'astronomie lunaire » en six scènes, *Keplers Traum* (« Le rêve de Kepler »), à quoi ressembleraient la Terre et les autres corps célestes si on les observait de la Lune. Cette œuvre peut être vue comme un opéra de chambre au sens strict du terme, en ce qu'elle imagine un voyage immobile en un lieu unique, et crée des images dévoilant des « labyrinthes sémantiques parcourus par des corridors ésotériques et psychanalytiques ». La musique de ce rêve se caractérise par un processus d'accumulation du matériau : mobilité de denses couches de thèmes musicaux, fragments, éclats et particules destinés à stimuler de nouveaux « voyages de la perception », de nouvelles synesthésies.

Le son resté dans le ciel

Le thème de l'harmonie des mondes, comme reflet de l'harmonie archétypale de Dieu, est ensuite joué par le jésuite et encyclopédiste allemand Athanasius Kircher, vu de son vivant comme « le phénix des savants » (il correspondit avec Huygens, Leibniz, Descartes...), dans une somme sur la totalité de l'art musical, *Musurgia universalis**[1], un des traités les plus précieux pour comprendre la musique italienne et allemande du XVIIe siècle (publié à Rome en 1650). Ce travail ira jusqu'à nourrir les réflexions de Brice Pauset pour un cycle d'œuvres intitulé *Six canons – musurgia combinatoria*, pour orchestre de chambre (1991-2001), dont le sujet serait « le canon lui-même, informe Pauset, en tant que technique de composition bien sûr, mais plus essen-

1. Pour Athanasius Kircher, la musique est d'abord une branche des mathématiques : ses rapports harmoniques traduisent l'harmonie du cosmos. Sur une gravure figurant l'orgue de la Création, le monde est comparé à un orgue dont l'organiste est Dieu. Au sommet, le Saint-Esprit prononçant la parole divine « Fiat lux » engendre l'harmonie du premier jour de la création ; pendant qu'à chacun des jours suivants correspond une autre harmonie – en rapport avec les six registres de l'orgue. À cette époque, vers 1630, le facteur allemand Gottfried Fritsche est l'un des premiers à construire l'orgue classique à cinq claviers, caractérisé par une octave d'intervalle entre les « principaux » (jeux à bouche) des différents claviers.

tiellement en tant qu'image dans le temps historique de la pensée du temps du temps esthétique ». Ou alors, interprété par le philosophe, physicien et théologien Marin Mersenne, l'une des figures les plus marquantes de la révolution scientifique du XVIIe siècle, souvent considéré comme le « père de l'acoustique », lequel Mersenne, dans le vaste *Traité de l'harmonie universelle*, détermine les parties et divisions de la musique : la Musique Divine, ou Archétype, « est dans l'intellect divin : elle est Interieure ou Exterieure, et a pour objet tout ce qui est sujet aux proportions harmoniques, et tout ce qui en est capable » ; la Musique Créée est « dépendante de la Divine, et se peut diviser en autant de parties comme il y a d'especes au monde, laquelle n'est autre chose que l'ordre et la proportion harmonique qui se trouve entre les parties du monde, et de chaque individu en particulier » ; la Musique Mondaine est « l'ordre, et la proportion harmonique et agréable à l'entendement, laquelle se trouve dans la fabrique des Cieux et des Elemens, et dans leurs proprietez et mouvements » ; la Musique Humaine est « le rapport des humeurs, et des parties du corps, des facultez de l'ame, et de ses actions comparées les unes avec les autres » ; enfin la Musique Instrumentale est « spéculative, ou pratique : la Speculative considere la nature des consonances et des intervales : et la Pratique donne les preceptes pour composer en Musique, et pour faire toutes sortes de chansons, d'airs, de motets et de concerts ». Par ailleurs, Mersenne consacre un important Théorème de son ouvrage aux similitudes entre les sons, les consonances, « semblables aux saveurs, aux odeurs et autres objets des sens, telles que sont les couleurs, les grandeurs, et les figures ». Ces consonances peuvent aussi être comparées aux planètes et aux étoiles, mais on ne saurait démontrer qu'elles produisent quelque son : « Car si l'air va jusques au firmament [...] et que les Estoiles et les Planettes se meuvent dans l'air, il y a grande apparence qu'elles font quelque son, encore que nous ne l'entendions pas ; car le son a "deux extremitez qui nous sont imperceptibles", l'une quand il est trop fort, ou que son mouvement est trop précipité, l'autre quand il est trop faible, ou que son mouvement est trop lent ; « car l'une et l'autre de ces extremitez surmonte la sphere que l'oreille a pour son activité, et pour son étenduë ».

Le noir de l'étoile

C'est l'aspect métaphorique et poétique des fantasmagories cosmologiques de l'Antiquité que les siècles suivants vont assimiler ou interpréter différemment. Pendant l'ère des Lumières, on assiste à la diffusion rapide, dans toute l'Europe, grâce aux cours princières, des progrès des sciences, ceux de la cosmologie en particulier ; scientifiques et musiciens s'y rencontrent, échangent des idées, s'influencent. Ainsi, Joseph Haydn, passionné aussi de science, lors d'un séjour à Londres, note dans ses *Carnets* qu'il rend visite à William Herschel, astronome célèbre pour ses nombreuses découvertes (la planète Uranus, le rayonnement infrarouge ou la forme de notre galaxie), mais aussi violoniste, organiste et compositeur, redécouvert au début du XXIe siècle (vingt-quatre symphonies, une douzaine de concertos, de la musique de chambre, des pièces d'orgue et des œuvres sacrées). De retour à Vienne, Haydn compose l'oratorio *La création*, chef-d'œuvre qui conquit triomphalement l'Europe, et prétexte à la traduction sonore, associant musique et astronomie, des débuts éclatants de l'Univers : l'Introduction, inoubliable, figurant la représentation du « Chaos », s'ouvre sur un unisson *forte* sur la note *ut* de tous les instruments.

Ces débuts de l'astronomie moderne marquent un profond bouleversement de l'ensemble des systèmes de pensée, de la pensée chrétienne en particulier : l'Univers n'est plus éternel et infini, la Terre n'est plus qu'une planète ordinaire, un vassal du Soleil, l'homme ne prédomine plus dans la création. Aux XIXe et XXe siècles, autres interprétations. Celle du transcendantalisme américain (dont la véhémence en Europe gorgera le jeune Nietzsche), et de l'une de ses principales figures, David Henry Thoreau, qui note, dans son *Journal* (août 1838) : « L'âme humaine est une harpe silencieuse dans l'orchestre de Dieu et il suffit aux cordes d'être parcourues par le souffle divin pour chanter avec les harmonies de la création. » Certaines images, dépeintes par les transcendantalistes, de la musique des sphères, se reflètent dans les œuvres radicales de Charles Ives et celles de John Cage. Ives soutenait que « la sensibilité de Thoreau aux sons naturels était probablement plus grande que celle de beaucoup de musiciens praticiens. [...] Thoreau semble capable de tisser à partir de cette source de parfaites symphonies transcendantales ». Le compositeur traduit en musique ce concept d'une nature, proche et quotidienne – versant romantique du transcendantalisme –, entre autres dans une composition cosmique et utopique, l'*Universe Symphony*, inachevée ; sans doute parce que cette œuvre visionnaire n'exigeait pas moins de 4 520 musiciens répartis en plusieurs groupes dans un paysage de vallées et de montagnes ; ce qui correspond à une notion essentielle dans sa conception de la musique : son écoute est suggérée par la contemplation d'un panorama ; autrement dit, l'oreille est capable de jouer un rôle semblable à celui de l'œil ; le dessein général, ajoute Ives, « est d'amener à l'oreille diverses parties de la musique dans leur relation, telles que ce qu'apporte la perspective d'un tableau à l'œil ».

Autre tendance, néotranscendantaliste : celle de Cage, « amusé en lisant Thoreau de découvrir que pratiquement toutes les idées qu'[il] a eues tenaient debout ». Notamment, dans *Atlas Eclipticalis* et *Études australes*, celle d'une harmonie des sphères, mais plus enjouée et perturbante, moins théocentrique et élitiste ; car, fruits d'opérations de hasard et faisant appel à des transpositions de cartes stellaires, ces pièces n'obéissent à aucune régularité interne, laissent percer chaos, bruits et silences – tout ce qui est musical est monde : *musica mundana.* Quelques décennies après le cycle des *Makrokosmos* ou la parabole *Star-Child* de George Crumb, autres exemples de *musica mundana*, avec celle, apeurante, jouée par des instruments à vent dans *Transit* de Bryan Ferneyhough, après les bourdonnements cosmiques de *Sirius* de Stockhausen, et peu avant que Gérard Grisey ne cerne et ne mesure le temps dans l'éblouissant *Le noir de l'étoile*, où les fréquences enregistrées d'un pulsar, leur « chant », spatialisé, sont transposées dans le spectre des fréquences audibles, Allain Gaussin compose en 2006 *L'harmonie des sphères* pour ensemble ; dans cette partition, le compositeur essaie de « conserver l'idée des trois dimensions de l'espace, par un travail d'écriture purement instrumentale, en créant de véritables perspectives sonores, sans l'aide des moyens de spatialisation électroacoustique, ni même de disposition particulière des musiciens dans la salle de concert », – moyens qui furent, pour nombre de compositeurs de la fin du XXe siècle, de dérisoires pis-aller. Pierre Boulez, badin : « L'espace ne serait-il qu'un maniérisme dextro ou sinistrogyre ? » Dans tous les cas, la spatialisation est l'une des spécificités majeures de la musique de notre temps.

L'IMAGE MUSICALE DES MONDES

L'impact des spéculations pythagoriciennes sur la nature de la musique et sa relation avec le cosmos ne se limita point aux espaces des nombres et des formes ; il s'étendit à l'iconographie musicale (dont l'évolution est liée à l'organologie, ou étude des instruments et de leur facture). L'un des leitmotivs d'une iconographie innombrable est l'indénombrable diversité des allégories – dont cette *Allégorie de la Musique** [1] de Laurent de La Hyre –, qui constitue une autre façon de

1. La Musique, figure allégorique peinte à l'antique, sein lourd et rondi dévoilé, auquel fait écho la rose de l'instrument, accorde une grande angélique, instrument analogue à un théorbe, tendue de treize cordes simples sur un manche ici illimité. À côté des cordes simples (petit jeu), que l'on « tâte », il y en a sept (parfois huit) autres, deux fois plus longues (grand jeu), qui vibrent hors manche « par sympathie », et qui sont fixées à un second chevillier placé au sommet de l'instrument. Sur la table, telle une nature morte – le temps fuit ! – un cahier de musique, deux flageolets, un luth et, derrière la partition, lisible comme il est d'usage au XVIIe siècle, un violon qui voisine une grande chalemie au haut seul visible, devant l'orgue de chambre dont les tuyaux suivent le rythme architectural des cannelures des deux imposantes colonnes doriques.

figurer la musique. Dès la fin du Moyen Âge, des imagiers français avaient redonné vie à moult fables venues du fond des âges. Puis les peintres trouvèrent de nouveaux souffles en introduisant des connivences symboliques entre l'art du temps et celui de l'espace ; en rehaussant de broderies subtiles (humanisme) ou de fioritures artificielles (rationalisme) leurs notions de consonance universelle.

Certains personnages mythiques, étroitement liés à la musique, charment particulièrement les peintres : Apollon, bien sûr, divinité aux nombreux patronages, mais surtout dieu de la Musique considérée comme l'expression de l'harmonie des sphères, et dont les attributs instrumentaux sont la lyre, la kithara et la kithara berceau (sa caisse de résonance est arrondie), surtout ; plus rarement la basse de viole, souvent appelée viole de gambe, un instrument prestigieux auquel Marin Marais consacre son œuvre maîtresse du XVIIe siècle, les suites pour 1, 2 et 3 violes et basse continue (596 pièces en 5 livres entre 1686 et 1725). Chez Rubens, dans *L'éducation de la reine**, la viole, symbole de mesure comme le grand théorbe couché sur le sol, porte un manche se terminant par un masque de lion, tandis qu'une délicate marqueterie exalte éclisses, touche et cordier. Apollon tient l'archet par son extrémité, le majeur glissé sous la baguette pour tendre la mèche, explique A. P. de Mirimonde. Pendant que Minerve, déesse des Arts et des Sciences, gréée de ses attributs, l'égide et le casque, son bouclier orné de la tête de la Méduse à ses pieds, apprend à écrire à la jeune princesse, la future reine Marie de Médicis.

Orphée, Amphion, Arion… ou les neuf Muses, dont le chœur est dirigé par Apollon (Apollon Musagète), toutes devenues musiciennes pour régler le mouvement des mondes ; leurs instruments sont les plus variés et arbitrairement répartis. Divisées en deux groupes selon la légende, elles ne deviennent neuf qu'à l'époque classique et sont nommées Calliope, Clio, Erato, Euterpe, Melpomène, Polymnie, Thalie, Terpsichore et Uranie. On les rencontre réunies sur le même tableau comme chez Gustave Moreau, dans la *Promenade des muses**, où elles sont moins d'inquiétantes princesses éclaboussées de pierreries que de fines silhouettes irréelles surgissant de harpes végétales effilochées, longues, multicolores. Ou alors groupées par deux, lumineuses et délicatement érotiques telles *Thalie et Ératô, muses de la Comédie** de Louis Boullogne, dit le Jeune, exact contemporain de Marin Marais. Ou encore par trois : *Melpomène, Ératô et Polymnie**[1] d'Eustache Le Sueur. Souvent, c'est Uranie, la muse de l'Astronomie, qui est mise en exergue, munie de ses emblèmes (sphère, astrolabe et compas), ou seulement de quelques-uns de ses emblèmes, comme *Uranie tenant le compas et le globe** de Dürer. Elle peut être dotée d'instruments divers : luth et lyre, chalemie ou basse de viole.

La pensée grecque antique, liant la destinée de l'homme, après la mort, à l'harmonie des mondes, conviait l'allégorie, forme prolongée de la poésie, dans la grande symphonie cosmique ; dans un accord qui eût gommé l'opiniâtre tiraillement entre les aspects rationnel et irrationnel de l'esprit – même si celui-ci, selon Hegel, « n'acquiert sa vérité qu'en se trouvant lui-même dans la déchirure absolue ». Entre la lyre optimiste et réglée d'Apollon et les cymbales tragiques et « déréglées » de Dionysos. Entre l'apparence et l'instinct. Entre les arts visuels et la musique. Entre l'absolue clarté arithmétique et le cliquetis érotique. Ces à-coups de l'histoire accompagnent également l'évolution de la musique qui,

1. Polymnie, muse de la Poésie lyrique, couronnée de laurier, tient un livre, ou une partition, qu'elle déchiffre. Melpomène, muse de la Chanson et de la Musique (selon Horace), un peu en retrait derrière ses compagnes, assise sur une chaise, observe Ératô, muse de la Poésie amoureuse. Ératô, sein droit dénudé, les yeux au ciel, en recherche d'inspiration, joue de la basse de viole, instrument prestigieux au XVIIe siècle. La table de l'instrument, à bords plats, est entourée d'un double filet et, ce qui est assez rare, possède une rose aveugle ; ses cordes sont au nombre de six (d'après Jean Rousseau, précise Mirimonde, c'est vers 1675 que Sainte-Colombe ajouta une septième corde à la basse de viole) ; ses ouïes sont en C, et son manche, large et plat, est terminé par une tête finement sculptée ; l'archet, en bois sombre, encore légèrement courbé, possède une baguette qui se termine en « museau de brochet », ou en « tête de brochet » ; il est tenu à pleine main, selon les indications des maîtres de l'époque, trois doigts sur la hampe et le pouce sur la mèche pour en régler la tension, le petit doigt restant dégagé.

comme le note Pierre Boulez, fut « d'abord le reflet d'un certain ORDRE divin, ou naturel, immuable, pour ensuite tendre à l'oscillogramme du monde intérieur de l'individu, c'est-à-dire de son DÉSORDRE, ou en tout cas d'un ORDRE instable, [et] la technique musicale a reflété cette évolution par les transgressions successives dont les compositeurs se sont voulus responsables ».

IV

De sombres mythes musicaux

Détruire le temps

Des correspondances, au premier abord étonnantes, existent entre la musique et le mythe. Leur caractère commun, observe Claude Lévi-Strauss dans *Le cru et le cuit* (ouvrage dédié « à la musique »), c'est d'être « des langages qui transcendent, chacun à sa manière, le plan du langage articulé, tout en requérant comme lui, et à l'opposé de la peinture, une dimension temporelle pour se manifester ». Mais ce rapport au temps est assez singulier : « Tout se passe, poursuit Lévi-Strauss, comme si la musique et la mythologie n'avaient besoin du temps que pour lui infliger un démenti. L'une et l'autre sont, en effet, des machines à supprimer le temps. Au dessous des sons et des rythmes, la musique opère sur un terrain brut, qui est le temps physiologique de l'auditeur ; temps irrémédiablement diachronique puisqu'irréversible, et dont elle transmute pourtant le segment qui fut consacré à l'écouter en une totalité synchronique et close sur elle-même. » L'audition d'une œuvre musicale, c'est donc figer le temps qui passe ; « comme une nappe soulevée par le vent, elle l'a rattrapé et replié. Si bien qu'en écoutant la musique et pendant que nous l'écoutons, nous accédons à une sorte d'immortalité. »

Orphée et le royaume des Ombres

De tout temps, la mythologie grecque a fourni aux peintres et aux musiciens, mais aussi aux sculpteurs, aux poètes, aux penseurs, maints sujets ou modèles symboliques, qu'irriguent de périlleuses ambiguïtés.

Dans le domaine musical, deux grands mythes fondateurs, celui d'Orphée, celui de Marsyas, par leur violence et leur sauvagerie, terrorisent autant qu'ils ravissent. Le premier conte l'histoire d'Orphée, musicien sublime entre tous, inspiré (*éntheos*) par Apollon lui-même, natif de Thrace, comme Philammon, Thamyris ou Eumolpe, autres aèdes légendaires. Cet enchanteur joue de la lyre et de la kithara, son dérivé, qu'il aurait inventée ; à cet instrument il eût pu ajouter deux cordes, devenues neuf à cause du nombre des Muses, les sœurs de sa mère Calliope. De sa voix de miel qui rassemble et harmonise, il charme, voire envoûte (au XVIIIe siècle, le glockenspiel de Papageno dans *La flûte enchantée* fait encore foi de cette force secrète, sexuelle) ; il calme les humains les plus querelleurs, enchante les arbres et amollit les pierres, captive les rivières qui figent leur flot pour l'écouter, ravit les bêtes, féroces ou pas (Roelandt Savery en donne un exemple dans *Paysage avec Orphée charmant les animaux**[1], Liszt dans son serein poème symphonique *Orphée*) ; c'est là sa démesure, son *hubris*, qui marque les limites de son chant incantatoire, et va le détruire. Au cœur du mythe, une histoire d'amour, ou de séduction, celle du jeune époux de la nymphe Eurydice. Leur lune de miel est troublée par le berger Aristée qui, un

1. Au pied d'un tronc noir et noueux, Orphée fait durer le bonheur. Il chante, accompagné de sa viole de gambe, charme les animaux, sauvages, domestiques ou exotiques, mammifères et oiseaux rares qui l'écoutent dans un paysage capricieux et irréel, tout en contrastes lumineux. Que le peintre fait hardiment jouer en adoptant un coloris sombre (brun et vert foncé) pour le premier plan et une gamme claire de gris et de bleu argent pour l'arrière-plan. L'étrangeté qui naît du contraste entre naïveté minutieuse et exotisme luxuriant soulève cette question : où donc peut bien se nicher la Charmeuse de serpents, celle du Douanier Rousseau ?

beau jour, poursuit Eurydice, le long d'une rivière, de ses assiduités ; un serpent d'eau mord la jeune femme qui bientôt meurt : « *La tua diletta sposa è morta* », entend-on dans l'*Orfeo* de Monteverdi (chute de tierce mineure au mot « *morta* »). Poussin conte le poignant début de cette tragédie dans *Orphée et Eurydice**[1], qu'il choisit de représenter dans un site romain (au fond apparaît le château Saint-Ange d'où s'échappent d'épaisses volutes de fumée). Sur cette grande toile, l'une des plus ambiguës de Poussin, « [...] tous les intermédiaires du gris entre le grand noir et le grand blanc ; par conséquent peu de matières colorantes et le plus grand éclat de couleurs, un grand faste obtenu à peu de frais, de la lumière sans excès de clarté, une sonorité extrême avec un petit nombre d'instruments, un clavier dont il néglige à peu près les trois quarts, mais qu'il parcourt en sautant beaucoup de notes et qu'il touche quand il le faut à ses deux extrémités : telle est, en langage mêlé de musique et de peinture, l'habitude de ce grand praticien », écrit Fromentin que l'on éveille ici, évoquant Rubens.

Désespéré, Orphée descend aux Enfers, décidé à extirper Eurydice du domaine des Ombres. Sa voix et les sons de sa lyre charment non seulement les monstres des Enfers, tels que les représente par exemple Cornelis Van Poelenburgh dans *Orphée et Eurydice aux Enfers** ; mais aussi les dieux infernaux : l'intraitable Hadès et la redoutable Perséphone, qui consentent à rendre Eurydice à son époux (cette scène de l'apitoiement des dieux d'outre-tombe est représentée entre autres par François Perrier : *Orphée devant Hadès et Perséphone**[2]). Mais à une condition : que le chanteur ne

1. Eurydice, irruption du drame, de la fausse note dans ce calme après-midi d'été, vient d'être mordue par un serpent. Orphée ne s'aperçoit de rien, continue de chanter en s'accompagnant de sa lyre. Seul un pêcheur, au bord du Tibre, surpris, se retourne. Voit-il le silence de l'ombre mortelle qui s'approche ?

2. Orphée entonne sa lamentation amoureuse sur un instrument qui apparaît à la fin du XIVe siècle, parfois appelé viole ou lyre, avant de prendre le nom, au XVIe siècle, de *lira da braccio*. La tête de cet instrument comporte six chevilles, mais son corps est celui d'un alto

se retourne vers sa femme, ni ne lui adresse la parole tant qu'elle ne sera pas revenue à la lumière du soleil. Orphée oublie le double interdit au seuil même de l'Hadès, et se retourne, l'imprudent. « Et pourquoi Orphée ne devait-il pas regarder Eurydice, s'interroge Jankélévitch ? parce qu'en prenant conscience de ce don gratuit, il devenait un propriétaire jouissant de son avoir en toute complaisance et vivant des rentes de l'impalpable... Il transformait l'aimée en objet précieux. » Eurydice aussitôt s'enténèbre, pendant qu'Orphée, inconsolé, revient seul parmi les humains. (Kokoschka, dans son drame *Orphée et Eurydice*, mis en opéra par Ernst Krenek en 1926, paraphrasant le mythe, enlumine le ratage de son histoire d'amour avec Alma, « l'inlassable veuve » [E. Canetti] de Gustav Mahler. En 2008-2009, Harrison Birtwistle, « obsédé » par Orphée, toujours, fait de cet épisode du regard un arrêt sur image, dans *The Corridor*, une « scène » pour soprano, ténor et six instruments.)

La mort d'Orphée – selon l'une des versions de la tradition, il fut déchiré et mis en pièces (*diasparagmos*) par les ménades que Dionysos affola de *mania* –, ne fut presque jamais recommencée, dans les fictions modernes. Quand même l'essentiel demeure : l'amour et la musique (ou toute autre forme d'art) sont les deux seules ferveurs expertes à euphémiser la mort, à diluer l'intolérable hantise de perdre ce qu'on aime.

De très nombreuses œuvres s'inspirent de la partie dolente de ce mythe. Les plus intéressantes, et les plus profondes, sont celles des musiciens : Monteverdi, Schütz, Charpentier et Gluck dont l'opéra *Orphée et Eurydice* (adaptation française de son *Orfeo ed Euridice*) exerça une profonde influence sur les peintres, dont Gustave Moreau, lié à Pauline Viardot qui interpréta le rôle, en travesti, dans sa tessiture originelle (mezzo-soprano) ; Pauline Viardot, chanteuse à la voix prodigieuse, une voix « un peu âpre », écrit Saint-Saëns dans *École buissonnière*, une voix qu'il compare par synesthésie

---

à quatre cordes. Un Amour soutient le bas de la caisse. Au fond rougeoient les flammes de l'Enfer.

« à la saveur de l'orange amère ». Puis Offenbach (*Orphée aux Enfers*, parodie trépidante de Gluck, de l'intouchable Antiquité, et satire de la société du second Empire), Kurt Weill (*Der neue Orpheus*), Igor Stravinsky (*Orpheus*), Pierre Schaeffer (*Écho d'Orphée*), Hans Werner Henze (*Orpheus Behind the Wire*), Pascal Dusapin (*Passion*), ou Luca Francesconi (*Attraverso*).

Les ravages de Marsyas

Le second grand mythe fondateur de la musique, celui de Marsyas, dont le cadre n'est plus la Thrace mais la Phrygie, appela une attention plus distraite. Hormis le mélodrame *Marsia* de Giovanni Arcangelo Gambarana, créé à Milan le 1er décembre 1819, l'opéra s'en détourne, sans doute en ce que mettre en scène l'atroce cruauté de cette histoire est difficilement réalisable. Sinon en faisant, à la manière du Finlandais Rautavaara, dans l'« opéra-musical comique » *Apollo contra Marsyas* (1970), d'Apollon un chanteur de musique pop, de Marsyas le cupide président-directeur général de Mass Production Ltd.

La musique instrumentale, en revanche, y partage des intimités : dans l'inquiétante « rhapsodie » scénique *Marsyas* (1998-1999) de Wolfgang Rihm, l'anxiété dramatique du protagoniste, la trompette, au son étiré, toujours sur le point de se déchirer, à l'image du héros qu'elle explore, transfigure à sa lumière mystérieuse un orchestre très fourni, entouré par le bruit géant des percussions. Et aussi dans *Marsyas II* (2005) pour flûte, alto, violoncelle et piano, d'Olga Neuwirth, laquelle voit en Marsyas le symbole de la disqualification de l'art actuel, dès lors qu'il est pénétré de violence, de pathos, ou de passions sans fin d'un moment ; les instruments créent un voile crépusculaire masquant mal les éclairs d'une imminente catastrophe ; la puissance suggestive du son est telle que survivent en nos yeux des images, au-delà de la musique qui leur a donné vie. Quant aux peintres, ils abordèrent cette légende avec une joie sombre, d'une part la considérant comme un symbole de l'orgueil de l'homme artistiquement impuissant devant les dieux, devant le charme d'Apollon ou face à la profondeur de l'émoi dionysiaque ; de l'autre, ils en firent, à l'époque humaniste, une métaphore néoplatonicienne de l'écartèlement entre l'harmonie apaisante, attribut de la lyre et des instruments à cordes, et le tapageur délire des sens, propre aux instruments à vent et à percussion. La représentation du conflit musical opposant la kythara et l'*aulos* est fréquente dans la Grèce*[1] ancienne. La kithara restera une source d'inspiration nombreuse : Gustav Klimt, ainsi, la paraphrase, apollinienne et poseuse, dans son allégorie ornementale plane et tendue de *Die Musik* (« La musique »)*, accompagnée de l'instrument à cordes premier de la Grèce ancienne, la kithara.

Épuiser l'espace

Le satyre, ou silène, Marsyas, compagnon de Dionysos, est réputé inventeur de l'*aulos* – instrument à vent qui suscitera la *tibia* romaine, que les Romains reprennent vraisemblablement des Étrusques, qui nommaient *subulo* un instrument comportant sans doute deux tubes. Certains, à Athènes, attribuaient l'invention de l'aulos à Athéna, la fille préférée de Zeus, qui l'eût fabriqué avec des os de cerf. Alors qu'elle en jouait à un banquet des dieux, voyant à quel point ses joues gonflées et grotesques essuyaient la risée d'Aphrodite et d'Héra, exaspérée, elle jeta l'instrument au loin, menaçant

1. Ainsi celle d'Astéas, céramiste grec, actif probablement à Paestum, ancienne Poséidona, au IVe siècle avant J.-C. : *Concours musical entre Apollon, Marsyas et les Muses.* L'apaisante kithara d'Apollon, richement vêtu d'une tunique à manches longues, symbolise l'harmonie et la raison, pendant que la sonorité sauvage de l'aulos double de Marsyas, qui porte une peau de bête et des bottines, révèle l'ivresse des sens. (Erronément traduit en général par « flûte », l'*aulos,* qui s'apparente au hautbois du fait de son anche, le plus souvent double, en roseau, est composé d'un ou, le plus souvent, de deux tuyaux d'inégale longueur. Le plus éminent théoricien de l'Antiquité, Aristoxène de Tarente, range les *auloi* en cinq catégories, par comparaison avec la tessiture, de l'aigu au grave, des voix humaines, et de la kithara pour ce qui est de l'*aulos* kitharistérien.)

des plus effroyables châtiments quiconque le ramasserait. Ce fut Marsyas. Passé maître dans l'art de cet instrument, et soutenant que la musique de son *aulos* était la plus belle du monde, il défia Apollon et sa lyre harmonieuse. Le dieu releva le défi à condition que le vaincu se rendît à la discrétion du vainqueur. Le roi de Phrygie, Midas, choisi comme juge, proclama Marsyas victorieux ; en châtiment, Apollon fit pousser à Midas une paire d'oreilles d'âne. Mais choisir entre l'euphonie apollinienne et le chahut dionysiaque ne signifie pas s'enfermer dans un dilemme : tous deux mènent au spasme de l'esprit, l'une par la réflexion, l'autre par la transe. Cela nous ramène, commente François-Bernard Mâche, à deux écueils de la musique moderne : le formalisme stérile des sous-fifres les plus falots du sérialisme ; la frénésie infantile des épateurs de la musique industrielle. La consommation bafoue la transcendance, la forme s'identifie au matériau.

Dans la peinture des XVIIe et XVIIIe siècle, au rebours des parodies hollandaises du sujet mythologique, les artistes français et italiens, en leur respect pour l'antique, composent des œuvres moins taquines (Noël Coypel, Nicolas Mignard, François Le Moine), silencieuses et classiques (Pérugin : *Apollon et Marsyas**[1]), ou plus prolixes comme cet ironique et étrange *Jugement de Midas**[2] de Girodet-Trioson. Selon une autre version du mythe, ce sont les Muses qui arbitrèrent le concours. Devant la perfection de l'instrument à cordes, elles accordèrent la victoire à Apollon ; se vengeant de la plus atroce façon, il suspendit Marsyas à un tronc d'arbre et l'écorcha vif ; ce thème du dépècement fut de

1. L'atmosphère y est douce et équilibrée ; les corps sont nus, les visages lisses. Marsyas, figuré comme un homme, non comme un silène, joue de la flûte, assis sur un rocher. Apollon, déhanché, le toise ; un peu en retrait, sa lyre.

2. L'un des instruments ici figuré, la flûte de Pan, reflète la confusion qui régnait entre deux duels musicaux : celui d'Apollon et de Marsyas ; celui d'Apollon et de Pan, à droite, encorné et affublé d'oreilles d'âne. En outre, le juge de la joute n'est pas Midas, mais le dieu du mont Tmolus. Baudelaire, qui dit toujours la vérité, voyait dans cette bizarrerie « quelques légers grains corrupteurs, quelques sinistres et amusants symptômes du futur Romantisme ».

tout temps illustré en peinture. Johann Liss, Jan de Baen, Rubens ou Titien y trouvent l'occasion de peindre la chair à vif. Dans l'effroyable *Supplice de Marsyas**[1], Titien, alors vieillard solitaire autant que visionnaire, tourmente sa toile excoriée, éraflée par de violents contrastes lumineux, pétrit ses teintes terrifiantes, frottées de l'index ou raclées du pouce, un cluster de couleurs ! Une surface en vibration qui épuise l'espace. Ce jaillissement spatial montre une surprenante ressemblance avec les toiles expressionnistes de Jonathan Meese, en particulier *Dr. Baysquawar de Rednoselefant* ; Meese qui collabora à la création, en 2010, de l'opéra de Wolfgang Rihm, *Dionysos*, et ses « germes scéniques » aux « champs enflammant », à savoir Nietzsche, les dithyrambes et le cheval étreint, Ariane et Apollon, la peau arrachée de Marsyas, les échos de rires d'ondines aussi, Wagner, Mozart, ou Richard Strauss. Toujours à propos de la vision de Titien, cet étrange paradoxe : les deux Apollon torturent l'insolent aulète avec une semblante scrupuleuse tendresse. À gauche en haut du tableau, un jeune homme en tunique rose, le regard égaré, joue de la *lira da braccio* ; en bas à droite, le vieux Midas médite, couronné de pierres précieuses délicatement ouvragées. Tout en bas, un goulu chiot, sa queue en éventail, se régale du sang qui coule des plaies de Marsyas. Frank Stella, à propos de cette œuvre : « Nous faisons comme si nous nous intéressions à la couleur, à la facture et à la composition surchargée, mais quand nous sommes face à la peinture, cela ne marche pas. La feinte éclate au grand jour. »

1. Marsyas, dans cette parodie fantomatique de la crucifixion, occupe, suspendu à un arbre par les pieds, le centre du tableau. Le sombre vibrato de couleurs évoque le grandiose halo de cordes dont Bach environne le Christ dans la *Passion selon saint Matthieu*. Le mot « passion » est pertinent : le visage de Marsyas reflète la triomphante agonie des martyrs de la religion.

V

Vénus dévoilée par ses musiciens

Faire entendre à la chair l'appel des yeux

Déesse du charme, de la grâce, de l'envoûtement, et, en cela, de l'amour, Vénus inspira nombre d'œuvres singulières d'un point de vue musical ; celles, surtout, qui révèlent le lien entre le son et les volumes colorés de chairs invitantes ou boudeuses. « Il existe trois sortes de beauté, écrit Marsile Ficin dans son commentaire sur *Le banquet* de Platon, celle des âmes, celle des corps et celle des sons ; celle des âmes est perçue par l'esprit, celle des corps par les yeux et celle des sons pas les oreilles ; l'amour est toujours satisfait avec l'esprit, les yeux et les oreilles. »

Chez Titien, Vénus est le clair objet, dénudé, accessible, du désir – celui des musiciens, entièrement vêtus, qui la dévoilent, elle et ses « bijoux sonores ». Tandis que la *Vénus d'Urbin**, provocante, les cheveux dénoués, toute en invite sexuelle, nous morgue, se caressant le sexe – « un grand fétiche érotique », rien d'autre qu'« une pin-up », glisse Daniel Arasse –, les Vénus allongées et à l'écoute de leur musicien détournent le regard. La relation de voyeurisme voir-être vu est intégrée à l'œuvre ; tout y est immobile, la chair languide et accueillante, s'offre, sereine et sans ruse, parce que non épiée de l'extérieur, spontanément, de face, ce qui la déprend de tout caractère graveleux, ou obscène. Est-ce pour masquer une menace, savourer une vengeance ? « Une femme, écrit Nietzsche, pourrait-elle nous retenir (ou comme on dit nous “enchaîner”) si nous ne la croyions pas capable dans certaines circonstances de savoir manier le poignard (n’importe quelle espèce de poignard) *contre nous* ? »

Des trois versions ici décrites, des Vénus étendues, la première est la *Vénus et un joueur d’orgue**, du Prado. La composition, très élaborée, réunit, de façon artificielle, la musique et la peinture, la narration, l’art du paysage et la décoration d’intérieur. Ce genre de peintures, dont le sujet est nouveau et « calculé pour exciter les passions charnelles, par la juxtaposition d’une femme nue et d’un gentilhomme entièrement vêtu » (Erwin Panofsky), devait gagner les faveurs des princes sophistiqués qui comblaient Titien de commandes (Philippe II d’Espagne, Sa Majesté très catholique, lui réclama des tableaux libertins).

Cette version est la plus ostensiblement érotique : la déesse, nue, l’épaule amoureusement enlacée par Cupidon, la main droite reposant sur la cuisse, appuyée sur le bras gauche, allongée, dans une posture quasi frontale, sur une couche recouverte d’un fastueux velours cramoisi, étire un pied vers le jeune organiste. Vêtu de pied en cap, il fixe son entrejambe, comme empalé sur son regard ; ce regard de désir est clairement donné à voir, et notre regard y converge. Le musicien a les doigts sur les touches, prêts à (sur)interpréter les courbes et contre-courbes harmonieuses du corps dévoilé. Le clavier (non visible dans le tableau de Berlin ; v. *infra*) et le jeu de tuyaux d’orgue, rangés sur deux diagonales symétriques, sont répétés dans le lointain d’un paysage idyllique par une perspective faite de deux longues enfilades d’arbres grêles se perdant dans un horizon de collines ; le tout se répercute, tournoie vers nous comme en une vaste chambre d’écho. Érotique aussi le jardin d’amour avec la fontaine sculptée dont la vasque est surmontée d’un satyre portant un vase d’où jaillissent des jets d’eau chuchoteurs. Érotique encore, le couple enlacé, un homme en noir et une femme en rouge, qui chemine, et le cerf, couché, et le paon, animaux favoris de Vénus. Tous les sens sont suggérés qui se fondent pour prendre possession de la déesse. Ou est-ce la beauté de son âme que le musicien perçoit grâce à l'écoute musicale ? Pour ressembler peut-être au fou d'amour, dévoré de tristesse, de l'allégorie baudelairienne, implorant l'immortelle Beauté de l'immortelle Déesse, qu'il essaie de comprendre, de sentir. « Mais l'implacable Vénus regarde au loin je ne sais quoi avec ses yeux de marbre. » (*Le fou et la Vénus.*) Une indifférence, sans entendement, qui prend le sens d'une hostilité cruelle. Sautons les siècles : le *Grand nu** de Renoir rappelle, mais dénué de sens ! la *Vénus au joueur d'orgue* ; à Vollard : « Ce vieux Titien, non seulement il me ressemble mais il me chipe sans cesse mes trucs... La limpidité de cette viande, on a envie de caresser ça ! »

QUAND FUGUENT LES LIGNES

Une autre variation sur le thème de la *Vénus au joueur d'orgue**, celle de Berlin, appâte non sans péril certains interprètes qui, envisageant la Vénus profane au détriment de la Vénus sacrée, y débusquent force symboles sexuels (Diderot, toutefois, estime que toutes ces « belles et grandes indolentes-là », on les « aimerait mieux en peinture à son chevet qu'en chair et vivantes dans son lit »). Ici, le musicien, qui a passé sa jambe droite par-dessus le banc, ne coudoie plus l'instrument ; tout entier tourné vers la femme offerte, dont la plénitude blanche éclaire toute la toile ; les seins exubèrent leurs cimes tandis qu'un voile laisse transparaître une toison indiscrète. Le regard de l'organiste est tendu, grisé. La vue l'emporte sur l'ouïe. L'enfilade des tuyaux d'orgue, vigoureusement érigés sur une horizontale, est plus massive ; de sombres nuages aux formes phalliques fuient dans un ciel blême ; des éclats de secrets hantent le silence du paysage, ici de collines, tandis que l'éperon de la tenture cramoisie menace la blanche déesse toujours aussi insinuante et distraite. Enfin, le petit chien hargneux symbolise moins la fidélité que le stupre.

Dans ses dernières versions du motif, Titien remplace le joueur d'orgue par un joueur de luth (*Vénus et le joueur de luth**). Cet instrument, plus maniable, s'adapte mieux aux circonstances (il est difficile de toucher l'orgue et d'admirer une beauté nue) ; d'où, de cette peinture, une plus riche teneur musicale. Le luthiste s'approche de Vénus, dont seule la position de la tête, qui reçoit sa couronne, a varié. Une Vénus moins abstraite mais, ce qui est plus important, complice, en ce qu'elle participe elle-même au concert, s'adonne à la musique avec sa flûte, dont les sons agrestes souvent tournent au lascif (on distingue, contre sa couche, une viole de gambe retournée et, tout près du sol, deux « partitions » ; tout à gauche, des cygnes, animaux apolliniens) ; moins charnelle, aussi bien, la disparition du bras et de la main du Cupidon, qui précisaient la courbure de l'épaule et la savoureuse rondeur du sein de Vénus, la « sonorité des lignes » (H. Wölfflin), ici plus exhaussées, chatouillant l'invite badine. Les pesantes tentures, le manche du luth, la margelle enferment les personnages dans un espace mi-clos, contraignent l'œil du spectateur à passer, comme en une infime transition musicale, de l'un à l'autre des deux personnages. Au-delà de la margelle, dans le paysage, plus exubérant que dans la version précédente, les courbes des nuages font écho à celles des seins et des cuisses de la voluptueuse, les arbres répercutant la forme de ses épaules. La lumière, qui exalte les différentes couleurs des corps, est comparable au son, qui exprime les différentes qualités des corps par l'effet des vibrations de l'air heurtant leurs surfaces. Pour Titien, peintre et musicien à la fois, les personnages, le luthiste, Vénus et Cupidon sont les contrepoints de l'espace pictural, des images de sons, superposées mais fuyantes, propres à « fuguer ». On ne les perçoit donc pas simultanément, mais comme le tangage d'un écho. Ainsi la nymphe Écho qui, selon une légende, soit adulée de Pan qu'elle méprise chérit un satyre qui la fuit ; soit brûle pour Narcisse, mais, après sa mort, disparaît et devient une voix qui répète les derniers mots prononcés. Le corps est impossible à saisir, la musique se dérobe au désir.

Une peinture qui mord

Ces espaces de voluptés synesthésiques éveilleront un écho inattendu, bien plus tard, dans la désolation d'une guerre. En mai 1942, Picasso achève, après une lente maturation, transposant au temps de la terreur nazie, la joute amoureuse de Titien, *L'aubade**, sans doute la toile la plus complexe de son œuvre. Une figure allongée, sinistre, aux rondeurs rigides de gisant, horizontale (jaune et ocre éclatant), avec une tête à double profil, contraste avec les formes grotesques d'une gardienne-musicienne assise, pointue et verticalisée (soudains violet et vert), tenant une espèce de mandoline – réminiscence du joueur de luth de la toile du Prado. L'angoisse due à l'enfermement d'une cellule anguleuse et sombre, à plafond bas et plancher nu, est épaissie par le cri dissonant, comme en pizzicato, des lignes brisées de la couche, que le regard, désorienté, suit en faisant le grand écart. « Comme je travaille avec Kazbek [son lévrier afghan, réputé insatiable], je fais une peinture qui mord, confiait-il à André Malraux qui le rapporte en 1974. La violence, les coups de cymbales... l'éclatement... En même temps, il faut que le tableau se défende. C'est très important. Mais les peintres veulent plaire ! Un bon tableau, un tableau, quoi ! il devrait être hérissé de lames de rasoir. » Même si Picasso ne peint pas la guerre comme un photographe, la guerre point dans les tableaux qu'il peint alors. Car « comment serait-il possible, disait-il en mars 1945, de se désintéresser des autres hommes et, en vertu de quelle nonchalance ivoirine, de se détacher d'une vie qu'ils vous apportent si copieusement ? Non, la peinture n'est pas faite pour décorer les appartements. C'est un instrument de guerre offensive et défensive contre l'ennemi ». Seul un oiseau, perceptible sur le corps de la musicienne, laisse percevoir la résonance d'un espoir, entrevoir la lueur de l'aube, désespérément conjuratoire, dans les ténèbres de la guerre.

VI

Dominante religieuse

GIGUES DE L'EFFROI

Pour les philosophes antiques et les mystiques médiévaux, l'harmonie musicale tient de l'harmonie des mondes, elle permet de vibrer à l'unisson des intelligences ordonnatrices. Au contraire, les couacs, l'éraillement, la dissonance estropient cette eurythmie supérieure. Une iconographie foisonnante illustre la scission entre les musiques célestes – en général celles du chant des anges accompagné à la harpe ou aux instruments à cordes – et, traduisant les élans lubriques, la cacophonie infernale déversée par des monstres d'apocalypse surgis des bestiaires du Moyen Âge, quand la tératologie et la démonologie se rejoignent : bestioles à cornes, mâchoire de requin, mufle de morse, ou gargouillements, chuintements et vociférations, de volatiles fantastiques, l'un à pattes d'échassier, de crabes, de dragons, de griffes, serres et écailles comme dans l'agressive *Tentation de saint Antoine**[1] de Grünewald (ou à la fin de celle de Flaubert, terrain d'expansion des monstres si effroyablement beaux d'Odilon Redon. Notons qu'en cette occurrence, jamais Redon, comme il l'écrit à son ami André

1. Le tohu-bohu rageur de cette Tentation traîne aux gémonies les embrasements de la luxure. L'anachorète crie, bouche béante, s'abrite d'un bras le visage que becquette une poule furieuse aux plumes en carapace de crustacé, tandis qu'un gigantesque perroquet brandit une matraque pour l'assommer. Là-haut, dans un halo de lumière, Dieu, impavide.

Mellerio, n'a « employé le mot défectueux d'“illustrations” », il eût préféré ceux de « transmission », d'« interprétation ». Flaubert, lui, refuse formellement toute forme d'illustration : « Cette idée seule, lance-t-il à Jules Duplan, me fout dans une fureur *impossible à décrire.* »). Le haut de la partie droite du retable ouvert montre une troupe d'anges qui descend pour délivrer l'anachorète, culbuter les démons tourmenteurs, mater cette mêlée paroxystique s'agitant dans un paysage fantastique avec une cabane en ruine et des roches hésitantes, peintes à la manière de Patinir. Cette tentation sera un modèle pour Max Ernst quand il montrera ce monstre enragé et menaçant, ironique et prémonitoire (la défaite des Républicains espagnols, écho au *Guernica* de Picasso, peint la même année), dont le mouvement *furioso* n'est arrêté que par le bord du tableau : *L'ange du foyer**. Troublante analogie : l'Islandais David Brynjar Franzson crée, dans *a guide for the dead through the underworld*, cinq pièces pour instruments et électronique, composées en 2006-2008, des monstres musicaux à partir de sons désincarnés des instruments et d'« objets trouvés » dans son environnement sonore quotidien. Sèches et obstinées, parce qu'archétypales ou relevant de notre expérience vécue, ces monstruosités enflamment l'oreille tout en déployant les replis les plus opaques du visible. Il se peut que pour le créateur, le déchirement, et le fait d'être disloqué par un sujet, un motif, correspondent à un affinement de l'imagination qui engendre alors des formes mesurées ; celles-là même, ainsi, qui présidaient à *La tentation de saint Antoine**, vaincu, humilié et terrassé, d'Otto Dix.

Des croque-morts cosmiques

Au Moyen Âge, la vie de l'homme est environnée et remplie de musique. Le glas ou les cloches de l'effroi sonnent des sons qui renvoient à l'imaginaire fantastique et infernal ; les trompes et les buisines (en général, longues trompettes de métal utilisées en Europe dès le haut Moyen Âge) jouent le rôle de mise en demeure liée au Jugement dernier. Les percussions, tels les triangles à anneaux, au son métallique, sont associées au Malin. La vèze, ou turelure, décrite par le chanteur, compositeur et théoricien de la musique allemand Sebastian Virdung sous le nom de « Platerspil » (*sic*) dans *Musica getutscht* (Bâle 1511), est une espèce de cornemuse simplifiée ; jouée parfois par un monstre hybride, et vue comme objet d'infamie, son existence est attestée depuis le IXe siècle, mais ne figure dans l'iconographie qu'au XIIIe siècle finissant. Souvent les peintres figurent les instruments diaboliques de séduction, ou de ravissement pervers, comme des prolongements de certains organes corporels. Ainsi le monstre au nez allongé en forme de chalemie, sur le panneau central du triptyque *Le chariot de foin** de Jérôme Bosch. La cornemuse, enflée, représentée sur le drapeau planté dans l'œuf de « L'enfer » (partie droite du triptyque *Le jardin des délices**, délices gavées de douleurs, muette musique de l'horrible), de Bosch toujours, est associée à l'hérésie, aux voluptés dévorantes, comme le luth à la sexualité féminine. C'est l'enfer des joueurs, l'enfer des musiciens (dont les instruments sont peints avec une étonnante exactitude), l'enfer des jouisseurs, au sein duquel l'œil chemine, s'arrête, contemple le spectacle. Certaines figures sont emmenées dans la taverne de l'homme-arbre ; d'autres tournent sans fin sur le carrousel-cornemuse. En haut à gauche, une énorme paire d'oreilles, « pénétrée » par une lame de couteau et transpercée d'une flèche, sème la panique parmi des damnés que des diables essaient de rattraper. (La lame est marquée d'un « M », ce qui, dans le répertoire alchimique, désigne à la fois le soufre et le scorpion, emblèmes des organes masculins.) En dessous, un grand visage (pour certains un autoportrait de Bosch) observe, placide, ce qui se passe autour de lui. Plus en dessous, un damné est étendu sur une vielle – à la sonorité rauque, éraillée, sensuelle –, dont il tourne éternellement la manivelle ; à demi cachée dans la boîte-clavier qui contient les cordes de l'instrument, une femme joue du triangle ; un autre damné est accroché, comme un crucifié ! dans les cordes d'une harpe (tous les détails, chevilles et harpions sont reconstitués), instrument paradisiaque par excellence, et seconde subversion de cette image. À droite de la vielle, un autre luxurieux, une flûte dans le postérieur, porte sur le dos, formant la diagonale de l'image, un pommer, dont on reconnaît clairement la pirouette avec l'anche double ; une anche de rechange est attachée à une ficelle (les plus gros pommers avaient jusqu'à quatre clefs, le pommer-contrebasse atteignait 2,75 m). On peut interpréter cette œuvre comme un réquisitoire contre les délices grouillantes de la damnation, comme une condamnation de la musique liée à la luxure ; ou un cantique à la gloire de la tragique folie du monde (la folie deviendra l'un des thèmes essentiels de la Renaissance) ; ou comme une profession de foi. Bien que faisant référence au roman éponyme de Faulkner, et à sa référence au *Macbeth* de Shakespeare, *Sound and Fury*, de Philippe Manoury, écrit en 1998-1999 pour un très grand orchestre de 109 musiciens, scindé spatialement en deux groupes identiques, transmet, de façon non chronologique, non descriptive mais émotionnelle, cet enfer énigmatique ; par le biais d'une musique qui évolue vers « des structures de plus en plus violentes, pulsionnelles, pleines de fureur, caractérisées par des moments de saturation musicale de plus en plus "sauvages" ». Cette violence, qui va du *son* vers le bruit et la *fureur* et le chaos, est toujours organisée, *composée* ; elle rend visible la sourde menace de croque-morts cosmiques, mais aussi celle de coquillages entrouverts et muets.

La harpe de David, âpre et rêveuse

Dans la tradition chrétienne, moultes iconographies évoquent l'existence tourmentée de David, roi d'Israël à la mort de Saül, duquel il voulut, dans sa jeunesse, chasser, par les sons lénifiants de sa harpe (très rarement de sa cithare), l'esprit malfaisant et la mélancolie : « Ainsi lorsque l'esprit malin envoyé du Seigneur assaillait Saül, David prenait sa harpe et en jouait ; alors Saül se calmait, se trouvait mieux, car l'esprit mauvais se retirait de lui » (*Samuel*, I, 16, 23). Pourtant, Lucas de Leyde, par exemple, dans *David jouant de la harpe devant Saül**, représente le vieux roi amer et véhément, jaloux de la jeunesse de son gendre ; la harpe, et la lance que tient fermement sa main gauche, deviennent alors les objets révélateurs d'une humeur ambivalente. À d'autres moments de sa vie, David, sous les traits du roi, qu'il est devenu à son tour, ou du prophète, ou du poète et du musicien, est représenté pinçant de la harpe, devenue, selon le Livre biblique des *Chroniques*, son attribut et le symbole des psaumes (du grec *psalmos*, « action de toucher un instrument à cordes ») ; pendant que David lui-même est réputé la personnification de la musique sacrée, voire, dès le Moyen Âge, de la musique en général. D'autres images montrent le roi, accompagnant le cortège de l'Arche d'alliance au son de cymbales, harpes et cithares, et de prêtres sonnant des trompettes (l'historien Flavius Josèphe assure qu'avant la destruction du Temple, à Jérusalem, il y avait 200 000 chantres et autant de trompettes, 40 000 harpes et autant de sistres pour servir à l'exercice du culte).

À partir de la Renaissance, les images se multiplient en raison, surtout, de l'édition des psaumes (trente-quatre sont attribués à David). Dès le XVe siècle, leur profondeur spirituelle inspira maintes hautes œuvres de musique (vocale) religieuse, telles celles de Josquin des Prés, Palestrina, Schütz, Jean-Sébastien Bach, puis de Reger, Honegger, Stravinsky, Schoenberg (*De profundis*), Holliger (*Sequenzen über Johannes I, 32*) ou Steve Reich (*Tehillim*).

Cette crue iconographique, qu'épanchent les miniatures des psautiers et des livres d'heures, conduisit à des représentations de toutes sortes de harpes : fantasques pour des raisons ésotériques ou par ignorance organologique ; ou alors très perfectionnées et d'un maniement difficile, comme la harpe triple figurée par le Dominiquin dans *Le roi David jouant de la harpe**. L'instrument, digne du talent du roi, inspiré, les yeux aux abois, les draperies écrasantes et mal ajustées, est peint avec une grande précision : il est muni de trois rangées de cordes placées en quinconce ; celle qui est à la gauche de l'instrumentiste a vingt-neuf cordes diatoniques, celle du milieu vingt « qui font les demi-tons », dit Mersenne, et celle de droite vingt-sept, à l'unisson de celles de la première. Les accidents peuvent être atteints rapidement par les doigts de chacune des deux mains entre les cordes des rangs extérieurs. Un tel instrument permet en réalité d'interpréter des passages chromatiques infaisables sur une harpe à pédales, laquelle, d'ailleurs, évincera presque complètement la harpe triple dans la seconde moitié du XIXe siècle. La harpe triple, qui descend jusqu'au *sol*$_{-1}$, fut sans doute utilisée à l'origine pour assurer la ritournelle pour *arpa doppia* (« harpe double ») de la troisième strophe de l'air d'Orphée dans l'acte III de l'*Orfeo* de Monteverdi, partie délicate comportant de nombreux accidents.

Depuis le mythe d'Orphée et le David de la Bible, l'instrument à cordes, dans ce cas la harpe, incarne le phénomène du son. Ainsi le *Klang* (« son ») chausse, pour le compositeur autrichien Franz Schreker, un idéal qui n'a rien d'une abstraction non plus que d'une figure vide. Adorno : « Le mot "Klang", en lui-même, évoque d'abord la harpe ; de fait, c'est bien cet instrument qui donne son titre à l'œuvre maîtresse imaginaire du héros de l'opéra programme de Schreker sur les artistes [*Der ferne Klang* : "Le son lointain"]. » Pour dessiner le profil de ce son fantasmatique, ce compositeur introduit, entre autres, dans le prélude orchestral, des couleurs inouïes, de caramboleurs glissandos de harpe. Cet instrument scintillant et onctueux joue alors un rôle symbolique prépondérant dans le mouvement Art nouveau. Aux XXe et XXIe siècles, des compositeurs comme Claude Debussy, Siegfried Matthus, Heinz Holliger et Klaus Huber, Bernard Cavanna, Philippe Schœller ou Mark Andre intègrent la harpe dans leur répertoire, contribuent à l'évolution de son traitement idiomatique instrumental – à l'image d'instruments naguère délaissés ou dénaturés tels l'alto, l'accordéon, le basson… – ; conférant à cette énorme chose de nouvelles sonorités, singulières, parfois menaçantes et escarpées, dues à des innovations techniques comme les étouffés de résonance, les changements rapides de pédales (sept pour deux pieds !), la violence des registres extrêmes. Pour ceux qui préfèrent, aux triomphes de la thérapie et à une quiétude de courtepointe, la vertu des déchirures.

ENCHANTEURS, LES ANGES ?

L'iconographie des anges musiciens, ces enchantements pétrifiés de musique céleste, abonde. Souvent béatifique, elle lasse. Parfois énigmatique, au moins elle trouble. Impersonnels et, au rebours des Muses auxquelles ils se substituent pour régler le mouvement des corps célestes, anonymes, mais intermédiaires entre les hommes et Dieu, les anges voient leur rôle croître le long des vies de la Vierge, du Sauveur et de certains saints. Ainsi que dans les figurations des grandes fêtes du Paradis, l'Ascension du Christ, l'Assomption de la Vierge et le couronnement de Marie, reine du ciel. Ces anges, évoluant beaucoup au cours des âges, fournissent de précieux renseignements sur l'histoire de la musique, les techniques musicales, et l'organologie : réalisme des instruments, fiabilité due entre autres à la maîtrise de la perspective, et souci du détail de la peinture flamande, celle de hauts créateurs comme Jan Van Eyck, Rogier Van der Weyden ou Hans Memling (*Le Christ entouré d'anges chanteurs et musiciens**[1]). D'abord chanteurs, les anges deviennent instrumentistes, sont réunis dans de véritables groupes orchestraux, se multiplient dès le XIIIe siècle, et surtout au XVe siècle, en Italie et en Flandre, pays qui connaît un fol essor au temps de la cour fastueuse des ducs de Bourgogne. Au XVIe siècle, la Réforme, sa morale rigoriste, a un retentissement considérable sur la musique et son iconographie : elle incrimine la musique avec instruments (fors l'orgue et, pour Luther, le plus musicien des grands réformateurs, et compositeur de Cantiques évangéliques, la harpe), celle, savoureuse, délicieuse et engourdissante, qui renvoie au paganisme, à la danse et aux bombances dionysiaques ; les

1. Dans ce triptyque, les dix instruments représentés le sont avec une telle fidélité qu'ils purent, en l'absence de témoignages matériels crédibles, être soumis à des reconstitutions parfaitement utilisables. De gauche à droite : psaltérion, trompette marine, luth, trompette à replis, chalemie, trompettes à coulisse, orgue portatif, harpe et vièle à archet et chevalet en peigne.

anges momentanément chantent derechef, au moins en apparence. Un des impacts de la Contre-Réforme et du concile de Trente qui se termine en 1563 fut que l'on préféra la musique vocale à la musique instrumentale, provisoirement suspecte. C'est alors que Palestrina, le plus illustre musicien italien de la Renaissance, compose ses chefs-d'œuvre de musique religieuse a cappella (messes, lamentations, motets, litanies...), sources, pour la postérité, de plénitude sévère et de clarté dans l'abstraction des lignes. Par la suite, la censure s'émousse : les anges retrouvent leurs instruments – comme le révèle *Dieu le Père créant l'univers matériel**[1], dit aussi *Le concert des anges*, de Philippe de Champaigne –, les anges donc paonnent dans des concerts, jouent sur les nuages, tiennent toutefois, dans l'iconographie religieuse des XVIIe et XVIIIe siècles, des rôles plus petits.

Dans la bousculade de ces représentations, deux peintures, l'une de Grünewald, l'autre de Caravage, dénouent leur musique, se recueillent au fond de leur mystère. *Le concert des anges** pour le Retable d'Issenheim, de Matthias Grünewald, laisse en effet une impression de jubilation, bientôt mêlée d'un étrange malaise qui gêne puis oppresse l'œil du spectateur. (Ce *Engelkonzert* est également l'Ouverture de la *Symphonie « Mathis der Maler »* de Hindemith, élaborée en même temps que l'opéra *Mathis der Maler*, véritable transposition musicale de ce Retable.) Au premier plan, l'ange, agenouillé, joue d'une viole de gambe fantasmagorique, manie l'archet d'un geste alambiqué ; son visage

1. La clarté de la lumière, un colorisme éblouissant et la fixité des figures rendent ce concert des anges immédiatement lisible. Un ange luthiste accompagne les anges chanteurs. L'instrument, au chevillier renversé en arrière, de coque piriforme, a désormais, tendues sur la touche, neuf frettes (ligatures mobiles de boyau permettant d'obtenir les demi-tons), et non plus huit comme au siècle précédent ; la longueur vibrante ainsi allongée devait permettre au luth de rivaliser avec d'autres instruments (clavecin, viole de gambe) au cœur de l'orchestre naissant. Le luth figurant sur ce tableau dut avoir une rose finement ouvragée. Les cordes sont en grande partie effacées par des nettoyages. On remarquera l'achèvement des mains, l'excellence de leur pose, surtout celle de la main droite, avec le pouce utilisé pour les basses.

épanchant, pour certains observateurs, un flot de joie ravie, affiche en fait un sourire retors et un regard aux aguets ; tandis que flamboie une architecture fantastique à colonne dorée et pilier grec où s'entrelacent rinceaux contournés et feuilles d'acanthe. Derrière, deux autres anges touchent des violes de plus petite taille ; l'un, dont le vêtement versicolore semble voleter, aveugle de reflets ; l'autre, couvert et coiffé de plumes (les attributs du bourreau) et au crâne orné d'une crête de paon, pourrait symboliser le mal. Et, surgissant du fond noir, les visages terribles et démoniaques de chantres et de musiciens. Le peintre rend la musique des sphères visible à travers tout le jeu de couleurs qu'il organise, irisation sur les vêtements, chromatismes, polyphonie. Selon le peintre et théoricien suisse Johannes Itten, un temps professeur au Bauhaus de Weimar et lié avec les musiciens du cercle de Schoenberg, le rôle de la couleur est essentiel dans la figuration de ce concert des anges : « La musique céleste commence au point où la main de l'ange tient l'archet... C'est pourquoi Grünewald a peint à partir de là un accord frappant des plus fortes variations froid-chaud... Le grand ange qui joue de la viole de gambe est peint en modulations froid-chaud claires. Du blond doré chaud des cheveux, par des roses chauds et froids, clairs et obscurs du vêtement et les tons violet clair, jusqu'au bleu vert froid et au vert, au jaune de l'étoffe recouvrant le pied, nous voyons les couleurs, selon leur ordre, telles qu'elles figurent dans le cercle chromatique. »

Du cygne, les ailes noires

Dans ce qui est plus une aubade qu'une sérénade, *Le repos pendant la fuite en Égypte**, Caravage réinvente, et complexifie, cet épisode mille et une fois représenté de la vie du Christ, comme l'étrangeté mouvante et mélancolique d'une intimité familiale – que rappelle l'abandon silencieux du paysage aux sereines tonalités de vert et de brun, s'éployant derrière la Vierge, sa main droite tout à fait mollie, et l'Enfant assoupis. À gauche, le vieux Joseph fixe dans les yeux l'ange du Seigneur, devant l'âne dont on ne voit que la tête, ou plutôt l'œil qui nous regarde. Cet ange, qui partage la composition en deux, est aperçu de dos, à moitié nu ; sa peau et la tunique éclatante contrastent avec, accrochées comme une applique, ses ailes noires, de cygne sans doute (voir *L'Amour victorieux**[1]). Joseph lui présente les pages d'un cahier de musique : le *superius* d'un motet à quatre voix, parfaitement déchiffrable, du compositeur franco-flamand Noël Bauldewijn, aussi connu sous les noms de Bauldewyn, Baldoin ou Baudoin. Le texte est extrait du Cantique des cantiques : *Quam pulchra es et quam decora / Charissima, in deliciis*... (« Que tu es belle, et que tu es gracieuse / Ô mon aimée, parmi les délicieuses... »). L'ange, que déhanche une délicate impudeur, joue la partition, une note, sans les mots, archet bloqué, il lit cette partition, car, devenu corps de chair, il ne connaît plus sur le bout de ses doigts la musique des sphères célestes. Mais, se demande Philippe Beaussant, « comment un musicien franco-flamand, maître de chapelle à la cathédrale de Malines, pouvait-il être connu d'un peintre fixé à Rome ? ». Caravage séjournait alors dans une maison prêtée par l'influent cardinal vénitien Francesco del Monte, philosophe, alchimiste et astronome, ami de Galilée, auteur d'un traité de la perspective qui fit date, mais aussi connaisseur averti de musique et collectionneur de peintures et d'instruments. Pietro Montoia, le jeune castrat représenté

1. Dans cette allégorie ambiguë, tout en clair-obscur, de l'Amour, paraphrasant le fameux vers 69 de la Xe Églogue des *Bucoliques* de Virgile : *Omnia vincit Amor et nos cedamus amori* (« L'Amour triomphe de tout et nous aussi cédons à l'amour »), les délices de la chair sont associées au joyeux pêle-mêle des instruments de musique. Cupidon est représenté sous les traits d'un jeune galapiat, malicieux et heureux de vivre ; mais portant de larges et sombres ailes d'aigle. Au pied du lit aux draps défaits, sur le sol, un luth hors d'usage pourvu de cinq cordes au lieu de douze, un violon, qui n'a que deux cordes au lieu de quatre, et une partition avoisinent une cuirasse, une équerre, une guirlande de laurier, un livre avec une plume, un compas, un globe étoilé, une couronne avec un sceptre. La musique, les lettres, la géométrie, l'architecture et l'astronomie gisent, comme tombés en désuétude, aux pieds de l'Amour.

dans le *Joueur de luth**[1] du musée de l'Ermitage à Saint-Pétersbourg, habitait aussi chez le cardinal, et chantait à la chapelle Sixtine. Or, *Le repos pendant la fuite en Égypte* fut commandé à Caravage par le cardinal Aldobrandini, neveu de Clément VIII, ami de del Monte et inlassable de musique. C'est de sa collection, conclut Beaussant, que provient la partition de Noël Bauldewijn. Notons enfin que Caravage est l'exact contemporain de Monteverdi qui le considère comme son « double », non pour la modernité que celui-là apporta à la peinture, mais « parce qu'il a fait du mensonge une beauté supérieure à la vérité ! ».

Ces saints, consumés de glace

Les saintes et les saints, leur vie parfois contrastée, présentent un vif intérêt pour l'iconographie musicale ; lorsqu'ils sont plongés dans des extases, visions ou ravissements aux pénétrants harmoniques. « Quand les profondeurs obscures de l'âme sont remuées, écrit Bergson, ce qui monte à la surface et arrive à la conscience y prend, si l'intensité est suffisante, la forme d'une image ou d'une émotion » ; rudoyée, l'âme s'arrête, comme enlevée par une voix qui l'appellerait, une force dont elle sent la confuse présence. « Vient alors, poursuit le philosophe, une immensité de joie, extase où [l'âme] s'absorbe ou ravissement qu'elle subit : Dieu est là, et elle est en lui. Plus de mystère. »

1. En train de chanter, tout en mélancolie, ses mains gracieuses en regard, il s'accompagne sur un luth à douze cordes. La partition, « à l'italienne », aux côtés du violon, semblable aux instruments fabriqués par les luthiers Amati de Crémone, et de son archet, est lisible et identifiable. Il s'agit de quatre madrigaux à quatre voix du compositeur franco-flamand Jacob Arcadelt, actif à Rome ; ces madrigaux, adaptés, sont exécutés à une seule voix, les trois parties basses étant interprétées au luth. En 2012, la compositeur française Suzanne Giraud présente son opéra *Caravaggio*, où elle s'efforce « d'obtenir un fondu enchaîné entre le visuel et le sonore, autrement dit, de faire sortir les instruments des tableaux, où ils sont à l'état d'image, et de leur restituer, sous les doigts des instrumentistes, leur composante audible fantasmée ».

Bien que les données de l'Évangile sur Marie Madeleine soient simples, les légendes qui l'entourent, prolifèrent. Ses dons de danseuse et de musicienne, flanqués d'évocations de sa vie de voluptueuse, mais aussi de ses résolutions de pénitence et d'ascétisme, aiguillonnées par les anges et leurs harmonies divines, attirent les hagiographes (Jacques de Voragine et sa célèbre *Légende d'or*...), les peintres ; la musique, jadis corruptrice, apaise désormais les sens, délivre des élans du désir, apprivoise la pénitence. Marco Antonio Franceschini, dans *L'extase de la Madeleine avec des anges musiciens**, la représente tout en remous de chair blême, sa chevelure roulant dans l'entrebâillure des seins, les yeux aux cieux en une extase béate ; le chant des violons et du luth des anges assis sur trois onctueux coussins de nuages réconforte sa pénitence.

Quand même son rôle n'apparaît que tardivement, à la fin du XVe siècle, sainte Cécile, patronne des musiciens, des facteurs d'orgue et des luthiers, domine le lot iconographique des saintes ravissant les peintres. Dans *L'extase de sainte Cécile**, de François Bellay, copiée d'après la *Sainte Cécile* de Raphaël, laquelle impressionna vivement Balzac à Bologne (à Maurice Schlesinger, 29 mai 1837), la sainte femme, entourée de quatre saints, Paul, Jean, Augustin et Madeleine, semble écouter, béate, le chœur des anges dont les harmonies célestes (seule la musique vocale plaît à Dieu) démolissent les « insidieux » instruments de musique d'en dessous, symbolisant les sensuels appas terrestres : l'orgue portatif dont les tuyaux, disposés à l'envers, se détachent du sommier, la viole aux cordes cassées, les flûtes brisées entre un triangle et un tambour de basque. Comme dans *Sainte Cécile ou la puissance de la musique* de Heinrich von Kleist, il est ici moins question de sons ou d'instruments que de musique angélique miraculeuse (ainsi que la transpose, en 2011, le compositeur allemand Gerhard Müller-Hornbach dans sa cantate *Die Macht der Musik*). La puissance de la musique apaise même, dans le récit légendaire de Kleist, les déchaînements de fureur iconoclaste qui secouent les Pays-Bas vers la fin du XVIe siècle. Quatre frères étudiants démolisseurs, dès que minuit sonne, se figent et sortent de leur silence pour « entonner le *Gloria in excelsis* d'une voix terrible et affreuse », celle, eût-on cru, « d'éternels damnés criant misère dans les flammes de l'enfer et implorant la miséricorde de Dieu ». La musique a vaincu l'iconoclastie : atteints d'un excès de religiosité, les frères sont internés dans un asile d'aliénés où, stupéfiés par l'impatient ressac du silence, ils ne disent mot et ne se lèvent qu'à l'heure de minuit pour dégorger leur chant endiablé. Franz Liszt, lui, dans une lettre d'avril 1839 au musicologue Joseph d'Ortigue, consacrée à la *Sainte Cécile* de Raphaël, où s'expriment une réflexion approfondie et des comparaisons entre les arts, croit y « reconnaître un symbolisme admirable et complet de l'art auquel nous avons voué notre vie. La poésie et la philosophie de l'œuvre se montrèrent à moi aussi visiblement que l'ordonnance de ses lignes, et sa beauté IDÉELLE me saisit aussi fortement que sa beauté plastique ». Mauricio Kagel, enfin, dans ses longues occupations religieuses et ses entreprises de « sabotage », ne pouvait excepter Cécile. Dans *Cäcilia : ausgeplündert. Ein Besuch bei der Heiligen* (« Cécile dévalisée. Une visite chez la sainte »), composition radiophonique pour 2 récitants et bande, Cécile la sainte, jeune d'apparence, mais née très vieille, informe le compositeur Mauricio Kagel de la menace ininterrompue de son patronat. Puis raconte, sur fond de sons de harpe, avec violence et acrimonie, que la vie musicale est sans relief, qu'elle s'endort doucement au concert, qu'on l'appelle toujours par son nom en des moments où elle préférerait se cacher. Son existence de témoin muet est cruelle ; en outre, elle vit dans un monde de souvenirs, fait de fragments musicaux injoués. Sans relation avec le présent, elle n'écoute que des enregistrements historiques. « La musique est un péché de l'écoute, dit-elle, et tous ceux qui se servent de l'art acoustique sont ses serviteurs douteux. » Kagel, caustique, approuve.

QUAND LE PARADIS CHAVIRE

La musique, du XIIIe au XVe siècle, était devenue si suave qu'il parut impensable qu'elle ne dominât point les délices du Paradis (d'un mot persan qui désigne un jardin clos). Ce jardin sacré de la Bible s'inspire des descriptions d'autres jardins sacrés orientaux ; et la béatitude du jardin de l'Éden partage beaucoup de traits avec celle du *hortus conclusus*, un jardin clos, circonscrit et coupé de l'extérieur par un mur d'enceinte, celui des abbayes médiévales. Il est aussi une allusion à la virginité de la Vierge, et le lieu symbolique de la Rédemption (« inversée », dans *Hortus conclusus* d'Anselm Kiefer). Dans le célèbre *Jardin du Paradis**, du Maître du Haut-Rhin, de style gothique tardif, dit « gothique international », très réaliste, où fleurs et fruits ne savent que rire, où les oiseaux volent et chantent et abondent (on n'y compte pas moins de 24 espèces de plantes et 12 d'oiseaux identifiables), Marie, assise comme une princesse, règne sur la fraîcheur, le secret et les sons de ce site déroutant ; tandis que le petit Jésus racle avec deux plectres les cordes d'un psaltérion tendues sur une table de résonance plate. La préciosité formelle est telle que l'œil s'arrête, que l'oreille se repose. Et musarde en un autre siècle, ensorcelée par la musique ancienne que ravivent le violon et l'orchestre de chambre de *Der Zaubergarten* (« Le jardin enchanté » ; 2011), en quatre mouvements « vivaldiens », du compositeur et chef d'orchestre allemand Christian Jost, par exemple.

Quand le Christ en est chassé, le Paradis devient l'espace d'attente de l'âme des Justes avant la Résurrection et le Jugement dernier. Avec la diffusion des Apocalypses juives et chrétiennes, le Paradis, tiré de la terre et emporté au ciel, tend à se confondre avec la Jérusalem céleste. Dans *L'escalier d'or**, le peintre préraphaélite britannique Edward Burne-Jones s'inspire du Chant XXI du *Paradis* de Dante. Lequel, arrivé au septième ciel (Saturne, la plus haute des planètes connues à l'époque du poète), s'ébahit : « Je vis, d'une couleur d'or traversée de rayons,/ une échelle si longue vers le haut/ que mon regard ne pouvait la suivre./ Je vis aussi par les degrés descendre/ tant de splendeurs, qu'il me sembla/ que toutes les lumières du ciel venaient de là. » (Trad. : Jacqueline Risset.) Curieusement, au rebours d'évocations plus anciennes de l'échelle de Jacob, celle, fantastique et rayonnante, de William Blake, par exemple (*L'échelle de Jacob**), Burne-Jones ne représente que la descente, rythmée et mesurée – la *cabriole* dans une immobilité quasi hiératique –, de blanches androgynes, anges ou muses, vêtues à l'antique (l'influence classique se lit aussi dans le *contrapposto*), et venues sans doute annoncer la parole divine à grand renfort d'instruments de musique : flûtes, psaltérions, trompettes, tambourins, une *viola da braccio* et une paire de cymbales. (Cette œuvre prélude de façon stupéfiante l'image statique du mouvement qu'est *Nu descendant un escalier n° 2**[1], réalisé quelque trente ans plus tard par Marcel Duchamp. En 1997-1998, le compositeur allemand Mathias Spahlinger traduit ce branle de hanches dans une œuvre homonyme pour clarinette basse, trombone et orchestre – *akt, eine treppe herabsteigend* ; l'écoulement du temps devient une suite de moments isolés, le mouvement un glissando et une progression par degrés conjoints.)

Cliquetis de squelettes

Dans l'iconographie paradisiaque de l'époque baroque, les anges, souvent réunis en des ensembles vocaux et instrumentaux, accompagnent au Paradis l'Assomption de Marie et l'élévation des saints. Ce thème alors s'espace ou disparaît, comme celui des Jugements derniers (ainsi *Le Jugement dernier**[2] figurant sur une fresque de la chapelle de Sant'Antonio Abate à Barbeano), devenu un sujet de prédilection à la fin du XIVe siècle et, plus encore, celui de la pantomime dramatique des danses macabres (comme la

1. Duchamp, dans cette expression du temps et de l'espace par la présentation abstraite du mouvement, se voulait plus proche des cubistes (qui décomposent les formes) que des futuristes (qui suggèrent le mouvement, et que Duchamp ne connaissait pas), voire de Robert Delaunay (qui simultanéise ce mouvement). Un rythme complexe relie ces formes sans chair, déhanchées et statiques dans l'acte successif de la descente.

2. Les sons de la trompette lui étaient liés. Les imagiers retiennent souvent des trompes dont le corps, avec ou sans trou, dépassait la longueur d'un bras d'homme ; d'où la forme en courbe proposée sur cette fresque.

*Danse macabre nocturne**[1] de Michael Wolgemut). Ce branle funèbre, qui gomme la mort idéalisée du XIIIe siècle, cette heure du sauve-qui-peut-la-vie, inspirera maintes musiques : la célèbre *Danse macabre* de Saint-Saëns et une autocitation bouffe au début des « Fossiles » du *Carnaval des animaux.* Ou une série de variations sur le « Dies irae », de Liszt, terrifiant *Totentanz* pour piano et orchestre, d'une virtuosité diabolique, inspiré par *Le triomphe de la mort* de Francesco Traini, pour d'autres par une série de gravures sur bois de Holbein. Ou aussi l'oppressant motif de tango symbolisant la lutte contre la mort dans le *Concerto pour violon* « à la mémoire d'un ange » (Manon Gropius, fille d'Alma Mahler et de l'architecte Walter Gropius, morte à dix-huit ans), d'Alban Berg. Et le thème macabre, introduit par le violon en pizzicato, du finale du *Trio pour piano et cordes n° 2* de Chostakovitch. Ou encore l'impassible requiem qu'est *Totentanz* (« Danse des morts »), seconde partie de l'opéra *Majakowskis Tod* (« La mort de Maïakovski »), de Dieter Schnebel. Ou enfin le funeste *Neuer Lübecker Totentanz* pour percussion, orgue et bande (2009) du Suédois Hans-Ola Ericsson, stimulé par la *Nouvelle Danse macabre de Lubeck*, drame du rare, profond et singulier écrivain, facteur d'orgues et éditeur de musique Hans Henny Jahnn, où se mêlent l'atmosphère et les images mortifères de l'une des

1. Il ne s'agit pas ici à proprement parler de danse macabre, laquelle représente toujours les morts mêlés aux vivants. Mais d'une danse des squelettes, vive et bouffonne, d'agréable contemplation ; une danse réunissant les morts entre eux, d'où les vivants sont exclus. Cinq squelettes, les yeux béants de noir, certains aux cheveux dressés sur le crâne, ont leurs os déformés. Deux morts, modérément décharnés – dont une femme, un sein offert, qui pendouille –, les entrailles à l'air, sont encore en un moment précis de décomposition. Le défunt du bas s'extirpe de sa tombe pour entrer dans la danse, sans doute avant de partir à la recherche de victimes, selon la tradition médiévale. À gauche, un mort vivant, à moitié enveloppé d'un linceul, souffle dans une chalemie, le plus « bruyant » après la trompette, de tous les instruments, selon Mersenne. Les instruments de musique joués par la mort sont souvent (mais pas toujours) des instruments à vent ou à percussion. Dans des contextes particuliers, les instruments de musique sont les outils enjôleurs du diable.

plus anciennes et grandioses « Danse des morts », celle réalisée par Bert Notke à la Marienkirche de Lubeck (Dietrich Buxtehude, *Organist in Lübeck*, y servit le mythique grand orgue et celui dit « orgue de la danse macabre »).

VII

Pratiques musicales

Commencements

L'apprentissage de la musique peut reposer sur la norme, le métronome, la remise en cause, le doute et la défiance ; ou alors sur la décision de laisser le bon élève prisonnier de sa liberté, car il est des singularités qui ne se corrigent pas, des exceptions qui ne doivent être contrariées. Pour le jeune compositeur, l'étude du matériau musical, plus complexe et multiple, moins concevable que le matériau pictural, doit approfondir aussi bien la tradition ancienne, son histoire, sa constitution interne, que les techniques les plus récentes.

De malicieux frôlements

Dans l'Antiquité grecque, partie essentielle de la vie religieuse et sociale, la musique, que le citoyen apprend dès son enfance, tenait non seulement de l'instruction artistique et littéraire, mais de l'éducation morale, car elle avait le pouvoir de modeler les mœurs. Il fallait donc, selon Damon d'Oa, puis Platon et Aristote, apprendre à tout jeune Athénien le maniement des instruments apolliniens comme la kithara, instrument domestique, frugal et pédagogique par excellence de la Grèce antique, et bannir de l'enseignement des instruments à vent tels l'*aulos*, qui a une emprise non pas moralisante (*éthique*), mais excitante (*orgiastique*).

Dès le VIe siècle avant J.-C., la notation musicale grecque, comprenant deux systèmes alphabétiques, l'un pour la musique instrumentale, l'autre pour la musique vocale, joue un rôle déterminant dans la théorie et l'enseignement. Renouant avec les néopythagoriciens, puis Augustin, Boèce et Cassiodore, le pieux Charlemagne, admirateur de l'Antiquité, se montre soucieux du rôle pédagogique de la musique, essentielle dans l'enseignement : « Que les enfants, dit le *Capitulaire* d'Aix-la-Chapelle, apprennent les psaumes, la notation musicale [on passe alors, c'est essentiel, de la monodie à la polyphonie, que les médiévaux nomment *organum*, *diaphona*], le chant, le calcul et la grammaire dans tous les monastères ou les évêchés. » Alcuin, conseiller le plus écouté de l'empereur, et l'un des principaux artisans de la renaissance carolingienne – qui fut avant tout une renaissance de l'éducation latine –, estimait que, selon le mot d'Isidore de Séville, « aucune discipline ne peut être satisfaite sans la musique ». Plus généralement, la discipline musicale, au Moyen Âge, est représentée de façon allégorique, parfois avec un raffinement propre à l'esprit courtois, en un jardin délicieux, témoin des loisirs et des plaisirs de la cour. L'Ouïe, l'une des six pièces de la tenture de *La Dame à la licorne**[1], révèle que l'orgue était l'instrument préféré et l'une des métaphores de la musique savante. Une longue tradition voulait en effet qu'il apparût comme la combinaison de tous les instruments de musique : il embrassait la totalité des registres, d'une part ; de l'autre, son nom, *organum*, qui vient du grec *organon*, signifiait « outil » ou « instrument », tout en gardant son sens originel de sons émis par des instruments et la voix humaine, ainsi que le sens de la polyphonie en général. Cela souligne la dimension intellectuelle de la pratique musicale.

1. La Dame, toute à son jeu, comme composant, dans une méditation profonde, joue d'un orgue positif de table à deux rangées de tuyaux et dont les touches sont déjà semblables aux nôtres. Posé sur un tapis oriental, l'instrument est rehaussé de médaillons de pierres précieuses et de perles sur les montants ; la licorne et le lion qui les terminent apparaissent comme motifs décoratifs. De l'autre côté de l'orgue, la demoiselle en actionne les soufflets.

Dès le début du XVIIe siècle, la leçon de musique – seule façon de devenir musicien, en dehors des maîtrises (appelées aussi schola ou psallette), et en l'absence de structures pédagogiques efficientes –, est un thème très prisé des peintres, en ce qu'elle est propice à d'ambiguës galanteries, permet au maître de séduire les jeunes filles, un lieu commun des arts de ce temps. La leçon sert ainsi de prétexte à d'ingénieuses mises en scène. On mignote sa belle, on marivaude, comme en cette *Leçon de musique**[1] – qui n'en est fichtre pas une ! – de Nicolas Lancret, ce très petit Watteau, où le musicien accorde son théorbe pendant que deux jeunes femmes semblent s'interroger sur le choix d'une chanson. Du même Lancret, plus égrillarde, mais lourde d'allusions ressassées, la *Leçon de flûte** d'un berger à une pastourelle ; à l'ombre d'une frondaison, la statue d'un faune qui tient une corne et rit : « Il a compris la métaphore », insinue Mirimonde.

Chez François Boucher, impeccable polisson du XVIIIe siècle, *La leçon de musique**[2], près d'une fontaine d'Amour et d'un luxurieux sphinx-lion à tête et seins de femme, en laisse pressentir une tout autre (Fernand Khnopff délurera bien des sphinges vénuséennes). Plus ambigu, et captivant d'un

1. Inventé en Italie dans les dernières années du XVIe siècle, le théorbe est reconnaissable à son long manche, sa table percée d'une rosace centrale et ses deux chevilliers. Le premier chevillier est pratiqué dans le manche, le second, en forme de crosse, se trouve un peu plus haut et légèrement déporté sur le côté. Les cordes sont en partie doubles, en partie triples. Au début du XVIIe siècle, le théorbe est monté de quatorze à seize cordes en boyau, dont six ou huit « hors manche ». D'un usage plus aisé que le luth, il fut un support idéal de la voix, avec sa sonorité puissante et brillante.

2. On y voit une tranquille jeune fille qui déchiffre une chanson dans un cahier de musique, marquant la mesure de son index gauche. Derrière elle, sur un rehaut, un impatient jouvenceau au regard fureteur gratte une belle guitare aux éclisses et au dos rehaussés de filets d'ivoire ; un modèle italien, sans doute, car elle ne comporte que huit chevilles, alors que les instruments français en portent alors dix. Au pied de la jouvencelle, une autre guitare et une musette, équivalent français de la cornemuse, très prisée au XVIIe et XVIIIe siècles. Son succès incite les auteurs lyriques à la faire figurer dans des scènes pastorales très appréciées du public.

point de vue organologique, *La leçon de basse de viole**[1] de Caspar Netscher, où un petit page violoniste, ne pouvant jouer, braque un regard noir sur le maître de musique et la joueuse de viole se roucoulant leur romance. La scène éducative qu'interprète Fragonard dans *La leçon de musique**[2], grivoise, furtive et très enlevée, évoque la proximité et l'intimité qu'implique un cours d'art du son : s'asseoir côte à côte sur une banquette de piano pour déchiffrer un morceau à quatre mains, la main du maître qui en guide une autre, plus frêle, pour apaiser une croupe, rectifier une cambrure ou apprécier le penchement en avant pour la « tourne », toutes ces situations attisèrent sans doute dans la chair souple de jeunes femmes rougissantes leurs premiers embrasements. Le rythme rapide de la touche de Fragonard, le *fa presto*, que l'œil suit, ravi, suggère que la leçon de musique serait une école du plaisir foudroyant, à l'image du frais et bref professeur dont l'œil coule, en tapinois, du clavier à la faille des seins d'une très jeune fille dont la rigidité est aussi feinte qu'engageante.

1. Une jeune femme vêtue de satin blanc, au visage doux feint de regarder avec sérieux le feuillet que lui tend, l'œil empressé, son maître. La basse de viole, posée sur un pied de la belle, a six cordes, les ouïes en C et un manche terminé par une tête sculptée parée de rubans, comme le veut l'époque. Les membres de la famille des violes (dessus, tailles ou ténors, basses et contrebasses), concurrencés par la famille des violons, s'effacent les uns après les autres. Seule rescapée, la basse de viole cède sa place au violoncelle dès 1760.

2. Les reins cambrés, la jeune fille touche un clavecin à double clavier. Sur la chaise, à droite, une mandore (ou « mandole »), couchée sur la face, aisément identifiable à son chevillier en forme de crosse et quatre cordes doubles, et à sa caisse piriforme, moins bombée que celle d'une mandoline. Très diffusée aux XVIe et XVIIe siècles, et d'accord variable, elle fut semble-t-il beaucoup plus facile à jouer que le luth. Derrière la mandore, un chat, peu fignolé, à l'œil noir qui nous fixe, nous évoque moins une intention galante que certaines créatures cauchemardesques plus récentes, les personnages de *La horde* de Max Ernst, par exemple, dont les regards vides médusent l'œil du spectateur.

Où tout n'est qu'ordre et pureté

Plus mise à distance, d'un point de vue thématique, musical et spatial, *La leçon de musique**[1] de Vermeer présente une scène d'intérieur raffinée, et minutieusement agencée : au fond d'une pièce que deux fenêtres éclairent, une jeune femme, debout et immobile, de dos, les mains, dérobées au regard, sur le clavier d'un virginal – instant suspendu qui rend cette peinture silencieuse, et son silence nécessaire et palpable –, est observée par le regard amoureux et ambigu d'un jeune homme, de profil, qui l'« assiste », magistral, avec son écharpe et son bâton-canne. Ce regard est celui du peintre et du spectateur ; « le regard du peintre, écrit Daniel Arasse dans *L'ambition de Vermeer*, est analogiquement un regard d'amour, mais cet amour se porte moins sur la personne féminine représentée que sur la représentation elle-même, sur l'œuvre du peintre ». Suggéré par les pieds du chevalet de l'artiste en train de peindre la scène, différente de celle que nous voyons, l'image de la jeune femme en perspective de trois quarts et en léger contre-haut, dévoilée par le miroir, l'art du peintre permet d'affirmer la correspondance de la musique et de la peinture. Correspondance que souligne le contrepoint entre les angles droits de la pièce, les rectangles du miroir, du tableau, du virginal, les damiers du carrelage, et les courbes féminines de la jupe rouge et noire, des plis de l'épais tapis aux tonalités colorées servant de dessus de table, celles de la viole de gambe ambrée, celles enfin, de

1. Figuré sur cette peinture, un virginal, dont le clavier, situé sur le côté droit de la caisse rehaussée d'une frise d'hippocampes, porte, sur son couvercle redressé, non pas un paysage, comme d'ordinaire, mais un texte d'une allégorie de la musique : MUSICA LETITIÆ CO(ME)S MEDICINA DOLOR(UM) : « La musique, compagne de la joie, remède des douleurs. » Couchée sur le sol, une basse de viole de gambe. Les spécificités de ce virginal évoquent la main du célèbre facteur anversois Andries Ruckers. Le nom que l'on donnait aux virginals flamands du XVIIe siècle était plus précisément *spinet* pour l'instrument dont le clavier était à gauche, et *muselar* pour celui qui l'avait à droite.

la cruche éclatante, sa taille, grande, qui fait de ce tableau un espace inaccessible.

La volonté de « mesure » commande *La leçon de piano**[1] de Matisse. Le métronome, son rythme régulier, amorphe et autoritaire, dont les trois diagonales se projettent en se renversant sur le visage de l'enfant, commande la composition de l'ensemble de la peinture, comme il commande l'exercice du clavier. La demoiselle grise et inexpressive perchée sur un tabouret est liée par une diagonale exacte, ambiguë, à la statuette marron figurant une femme nue qui jouit d'elle-même, torturante volupté, la main entre les cuisses. La virtuosité formelle, les contrepoints chromatiques sont portés à un tel degré d'élaboration qu'ils évoquent, sans outrer beaucoup, une manière de *Clavier bien tempéré.* Ce que Matisse eût appelé la « traduction spontanée du sentiment, qui vient non pas d'une chose simple mais d'une chose complexe et qui s'est simplifiée par l'épuration du sujet et de l'esprit de celui qui l'a traduit.

« On ne met pas d'ordre chez soi en se débarrassant de ce qu'on n'a pas, parce qu'on ne crée ainsi que le vide, et le vide n'est ni l'ordre ni la pureté. »

Scènes de concerts

Inconnue des Anciens, qui ignoraient la distinction entre « artiste » et public, la notion de concert, définie comme une exécution musicale en public dans le seul dessein de divertir cet auditoire, de lui faire partager l'exploration d'une discipline artistique autonome, exclusive de toute représentation théâtrale ou célébration religieuse, apparaît à la fin du XVIIe siècle et au XVIIIe siècle. Dès le passage à l'âge baroque, l'artiste prend conscience de lui-même, est reconnu

1. Contrepoint des couleurs et forme triangulaire jouent ici un rôle de premier plan. « Quant à l'ombre aiguë sur le visage de l'enfant, écrit André Boucourechliev, c'est un piège pour l'amateur de glose, mais une clé de la structure. Masquez cette tache, le tableau s'écroule. »

en tant que tel, les compositeurs font figurer leur nom sur leurs œuvres, on se met à signer les tableaux, les facteurs apposent leur signature sur les instruments qu'ils ont façonnés. Cette mutation de la vie musicale est caractérisée avec escient par l'organologue et ethnomusicologue Curt Sachs qui estime que pour la première fois sans doute dans l'histoire, une séparation nette s'opère « entre l'actif et le passif de la culture humaine, entre les créateurs et les spectateurs, entre l'artiste et le public ». Au sortir de la Renaissance, d'ailleurs, un art instrumental s'individualise, qui conduira à la variation, à la sonate, au concerto, à la symphonie. Le luth occidental, ainsi, qui apparaît au IXe siècle, connaît en France au XVIIe un succès sans précédent ; il fut le premier instrument à jouir d'un mode propre. Il est largement pratiqué, en soliste surtout, en ensemble et dans la réalisation de la basse continue, le *basso continuo*, qui, de 1600 à 1750, constitue le fond harmonique et sonore sur lequel les instruments concertants développent leur jeu. Témoignage de cet engouement : le luth émaille, avec le violon, mais aussi la harpe, le théorbe et le « clavessin », ces malicieux tableaux de la première société précieuse que sont les *Historiettes* de Tallemant des Réaux.

En tant que genre iconographique, les scènes de concerts, d'amateurs ou de professionnels, privés ou publics, mondains ou populaires se multiplient dès le XVe siècle, surtout dans la région de Venise et en Émilie, et vont proposer, en des décors variés où l'œil du regardeur aime à divaguer, une vaste exposition d'instruments de musique.

En famille, ces airs bucoliques

La musique, on peut déjà en faire en famille. Issue de la Renaissance, la représentation de concerts domestiques aux XVIe et XVIIe siècles confirme, du moins dans l'imaginaire pictural, la pérennité du nœud conjugal, l'harmonieux accord des conjoints, la profondeur de la vie. Les écrivains d'alors se réfèrent d'ailleurs souvent au lien métaphorique entre musique et bonheur conjugal : « Le mariage n'est-il pas pareil à une divine musique, où chacun chante sa voix et veille sur l'autre en jouant le bon accord ? », écrit Cornelius Hazart en 1678. Même si, comme dans *Femme au piano et chanteur**, de Caspar Netscher, toile élégante et sculpturale, le thème de la séduction semble privilégié : devant un relief de pierre à l'antique figurant un couple d'amoureux, une jeune femme joue du clavicorde pendant qu'un homme chante en battant la mesure de la main droite.

Ces scènes en famille, l'œil du regardeur se plaît à les observer, de son escarpolette. Passant des scènes de genre aux portraits de groupe, elles se modifient selon les moments et les contextes. Dans *La réunion musicale** d'Antoine Le Nain, dit aussi *La réunion de famille* ou *Portraits dans un intérieur,* de rudes bourgeois à la bonne trogne, cossus et quasi caricaturaux (contrastant avec l'allante finesse des mains), comme en représentation, ainsi qu'une fillette glissée sur le côté gauche, regardent le peintre, semblent insoucieux de toute exécution musicale ; le luthiste s'apprêterait à jouer, pendant que les deux autres modèles placés en évidence et peints également en pied, tenant de petits feuillets à la main, seraient sur le point de chanter. Ce genre de divertissements était alors très apprécié à Paris, des milieux simples à la cour ; on faisait parfois appel, pour des « régals » distingués, à des musiciens et à des chanteurs réputés. Et hors de prix. Ici, tout paraît révéler une réunion plus intime de riches habitués de ces petites « académies » musicales auxquelles Le Nain participait sans doute.

En plein air – la nature est à la mode, *La Nouvelle Héloïse*, c'est pour bientôt –, François-Hubert Drouais, dans une manière de bergerie musicale, *Le marquis de Sourches et sa famille**, expose théâtralement, grandeur nature, des personnages vêtus de costumes somptueux : Louis du Bouchet, marquis de Sourches et grand prévôt de France, sa femme et leurs enfants ; ils vont attaquer un morceau. Le père place son violon à coins saillants et coquille élégante sur sa culotte, l'archet, à la baguette ronde, non encore concave, largement écarté ; son fils aîné tient une flûte traversière à quatre parties reliées par des bagues d'ivoire, tandis que sa femme et sa fille vont chanter sur le même livre ; assis sur le devant de la « scène », le petit frère tient une musette d'enfant. La présence du chien évoque la fidélité conjugale. On constate dans cette œuvre que les instruments, passant du peuple à la noblesse, se diversifient, s'améliorent. Les « descriptions » précises qu'en font les peintres en témoignent. Chardin, ainsi, avec *Les attributs de la musique**[1], toile de silence et d'harmonie, peinte avec une rigueur quasi cubiste. Nous nous installons au sein de ces objets si bien arrangés, dans le flux de cette musique de chambre, mais sans que jamais rien ne se passe. Tant l'espace des objets est fixe. Il en va de même pour la vielle de Georges de La Tour. De plus, comment ne pas voir dans *Le vielleur**[2] une image du vielleur (*Der Leiermann*), pauvre hère, doigts roidis, pieds nus sur la glace, qui sans fin répète sa grinçante ritournelle dans l'ultime lied du désespéré *Voyage d'hiver* de Schubert.

---

1. Sur ce chef-d'œuvre qui compte parmi les tableaux les plus reproduits de Chardin : à gauche, le manche d'un violon avec son archet à bouton d'ivoire ; au centre, une mandore (selon Diderot, ou un luth soprane ou encore une mandoline ; selon Mersenne, un « luth dont elle est le racourcy ») ; au-dessus, une trompe de chasse et une trompette, dont on ne voit que la partie supérieure, avec un riche panonceau et deux beaux glands ; devant le pupitre, une flûte traversière en bois ; enfin, posée sur des partitions de musique, une musette « de cour » – elle devient instrument de concert aux XVIIe et XVIIIe siècles –, avec son sac (réservoir d'air) en velours cerise brodé de fils d'or, ses deux chalumeaux (tuyaux sonores), sa boîte à bourdons et son soufflet. La bougie, sa raie blanche, fut commentée, souvent. Ainsi par Francis Ponge : « Je lance en solo *La Bougie,* par exemple, – Qu'a-t-elle à dire ? Eh bien, je l'écoute. Et elle s'exprime ; / Elle peut s'exprimer selon toutes les variations, / Les "Cadenze" / Qui lui plaisent. / Elle est ravie d'être ainsi autorisée. / Elle se donne, se met en valeur, peut-être un peu exagérément, / Puis rentre dans l'ombre – et je la suis du regard : / C'est alors que son murmure me touche surtout. »

2. Apparue en Europe au cours du haut Moyen Âge, la vielle ne sert plus, aux XVIe et XVIIe siècles, qu'aux musiciens ambulants et aux gueux. Celle de ce vielleur, aveugle, assis de biais, les jambes croisées, sur un gros bloc de pierre, a une caisse de résonance plate, sa table est percée d'une ouïe. On distingue les trois cordes et les trois bourdons frottés par une roue apparente. Une mouche peinte en trompe-l'œil au-dessous du ruban rose explique le titre longtemps donné à ce tableau : *Le vielleur à la mouche.*

Des chairs jubilantes

Pour Carmontelle, qui en abondance gouacha duchesses, marquises ou comtesses, et dont tout le monde ou presque connaît le fameux groupe des Mozart, la musique n'est le plus souvent qu'un faux-semblant ; comme dans *Mesdemoiselles Royer, filles du musicien de Zaïde**[1], c'est-à-dire le claveciniste et compositeur Pancrace Royer. À partir de cette turquerie alors à la mode, Mozart composait le mélodrame *Zaïde*, grave et sérieux, laissé inachevé au moment le plus dramatique (l'Italien Luciano Berio « commentera » en 1995, dans *Vor, während, nach Zaide*, un théâtre où l'on regarde une musique qui revient en arrière, nous rappelle le début, tel un miroir).

Plus près de nous, dans une autre scène intimiste, de Pierre-Auguste Renoir (bonne voix de baryton, grand amateur d'opéra et ami de Gounod qui l'aurait formé comme musicien), deux jeunes filles sont assises au piano, instrument roi du salon bourgeois, devant une partition que l'on devine difficile (*Jeunes filles au piano**). Des filles en fleurs qui ont déjà la rondeur charnelle jubilante des femmes que Renoir aimait peindre. Ce moment, paisible, mais vide de sensiblerie, évoque la question du peintre à son fils Jean en train de s'évertuer au déchiffrage « alourdi de sentiment » d'une sonate de Mozart : « De qui est-ce ? – Mozart. – Tu me rassures. Ça me plaît et j'ai eu un instant peur que ce ne soit de cet imbécile de Beethoven ! » Pour ce tableau, entre autres toiles traitant du même sujet, Renoir prit pour modèles Yvonne et Christine Lerolle, parentes par alliance de Chausson. Debussy partageait cette attirance du peintre, se montra surtout fasciné par Yvonne, l'aînée, laquelle,

1. L'une de ces mijaurées folingues et décaties joue d'un petit violon, une autre de la guitare, la troisième du clavecin. Sur le pupitre, *Zaïde, reine de Grenade*, de Pancrace Royer : un « ouvrage qui, malgré la danse exquise et les machines des plus ingénieuses, est très médiocre et au-dessous de toute critique », selon Charles Burney. Pour d'autres, une œuvre originale et fort savante qui place ce musicien dans la lignée de Rameau.

rêveuse et « irréelle », « incarnait un peu l'image de quelque Damoiselle élue » (Jean-Michel Nectoux). Le compositeur lui dédia ses trois *Images* pour piano ; dans un mot accompagnant l'envoi du manuscrit, Claude-Achille explique à la jeune musicienne : « Ces morceaux craindraient beaucoup les "salons brillamment illuminés" où se réunissent habituellement les personnes qui n'aiment pas la musique. Ce sont plutôt "Conversations" entre le Piano et Soi, il n'est pas défendu d'ailleurs d'y mettre sa petite sensibilité des bons jours de pluie. »

En privé, les mensonges du violon

Un concert peut être privé et s'insérer dans la vie de chaque jour. Les femmes violon sous le menton souvent enchantent les peintres. En raison de la flagrance des images suscitées par les qualités de timbre et d'expression de l'instrument, sa sonorité, la griserie charnelle qu'il déclenche, ses sanglots longs, son vibrato, cette « forme sublimée du mensonge » (Kagel). Mais le violon, on le vénère. Car le violon est essentiel en musique de chambre. Car il est capricieux et diabolique. Car il évoque l'image romantique d'anges morts. Car sa tenue, hautaine et scabreuse, aussitôt appelle la vélocité, la virtuosité. Car il fait des rencontres insolites, ses ouïes trouant le dos de Kiki de Montparnasse, modèle favori de Man Ray (*Le violon d'Ingres**[1]), par exemple. Etc. Etc.

Lovis Corinth, peintre allemand foisonnant, novateur et trop peu connu du début du XXe siècle, est fasciné par

1. Man Ray, « le capteur de soleil et l'exalteur d'ombre » selon son ami André Breton, disait photographier comme il peignait, transformant le sujet comme le ferait un peintre. Comme le peintre, il idéalise ou déforme son modèle. Ainsi ce corps, métamorphosé en violon, dont les ouïes furent rajoutées à l'aide d'un pochoir. Comment dès lors ne pas penser aux feuilles de papyrus (?) enluminant chacune des deux fesses rondies de la femme nue, ondoyante et harmonieuse, étendue montrée par derrière, de *Oh ! Calcutta ! Calcutta !* collage photographique et huile, au titre calembour de Clovis Trouille, autre ami, mais à distance, de Breton. (Cette œuvre inspirera une revue musicale de Broadway, *Oh, Calcutta !* en 1969.)

la gracilité et la splendeur, et la musique peut-être, de la future femme de son ami Gerhart Hauptmann, la violoniste Margarete Marschalk, au point de la peindre grandeur nature (*Die Geigenspielerin**, « La violoniste ») ; mais légèrement décentrée, les yeux fixant le vague, quasi en apesanteur. Dans un environnement hermétique, sombre et lourd. Sa fluidité chatoyante contraste avec la rudesse de ses mains livides, ossues et contractées. Edvard Munch, lui, quittant un moment ses aubes de sang, réalise l'un des plus beaux, en tout cas le plus tendre portrait jamais exécuté, celui de la violoniste Eva Mudocci, en muse spirituelle et sexuelle : *Madone (La broche)**. La même année 1903, en une autre lithographie, il la portraiture, masse noire de la chevelure et du violon (le stradivarius Emiliano d'Oro), au côté de sa despote camarade, la pianiste Bella Edwards, assise à son clavier, la robe aussi noire que son instrument ; toutes deux comme indéchirablement liées par le silence (*Le concerto pour violon – Eva Mudocci et Bella Edwards*). (Matisse et Warhol laissent aussi des portraits d'Eva Mudocci.) Peu après, au cours des années folles, le Néerlandais Kees Van Dongen, homme pressé, passe, tout feu tout flamme, de femmes du peuple « à la souplesse de chattes de gouttière », de demi-mondaines, tenancières ou madones des sleepings à des hôtesses scintillantes, à des stars, à des musiciennes – qu'il allonge ou amincit, bijoux maouss, voilà le secret de ses succès de société. Sa *Violoniste**[1] bleue, immense et mince, au buste abrégé qu'égaient de petits seins ronds, touche son violon d'un archet commencé avec une délicatesse comme frôlée : une musique bien sommaire. L'infatigable facilité de Van Dongen, son talent parfois tout extérieur, en exaspère certains, Apollinaire ainsi, qui écrit que ses tableaux sont « l'expression de ce que les bourgeois souffrant d'entérite appellent aujourd'hui de l'audace ».

1. Seule la couleur chaude de l'instrument enjoue l'atmosphère bleue et glacée du tableau. On reste sourd à la musique salonnarde de cette violoniste allongée et amincie sans fin, moulée dans une robe à l'exacte transparence, paupières posées sur les yeux, seule partie du visage qui vit.

La caisse lustrée du Montagnana

Plus généreux, d'une plus grande puissance expressive et de plus vaste tessiture que le violon, le violoncelle est pratiqué par de rares instrumentistes femmes de valeur à la fin du XIXe et au tout début du XXe siècle ; les plus connues étaient les Anglaises May Mukle et Beatrice Harrison, la Portugaise établie en Angleterre Guilhermina Suggia, élève puis partenaire et amante de Pablo Casals. Les solistes, hommes et femmes, se multiplient au cours de la fin du XXe et au début du XXIe siècle, surtout parce que le corpus soliste s'élargit considérablement (Berio, Lachenmann, Donatoni, Scelsi, Dusapin, Mark Andre...).

« La » Suggia maintes fois tient la pose, devant Augustus John (*Madame Suggia**), toujours en somptueuse robe au profond décolleté, blanche, jaune d'or, bleue, enfin rouge de sang ! tout au long d'une période de trois ans et quatre-vingt séances de deux heures. Voilà qui est longuissime pour portraiturer un personnage important, quand même il interprétait, chairs blanches, les six difficiles *Suites* de Bach, sur son Montagnana à la caisse lustrée ; mais fort court pour hypnotiser la musique, la réduire au silence. Et que d'effort pour garder la pose : attitude disgracieuse, très « masculine » (à l'époque, les femmes tenaient en général leur instrument, non entre les genoux mais sur le côté), position des jambes, des mains, ample mouvement du bras droit qui termine un coup d'archet en tirant, comme en témoignent l'absence de pliure du coude et l'appui de la main droite vers l'extérieur ; sur la toile, il prolonge la ligne du menton, ce qui contraste avec le bras gauche abruptement replié pour permettre la position de la main et des doigts sur les cordes, représentés avec minutie : la position de la main gauche très près du sillet et l'appui du premier doigt (l'index) laisse supposer un *mi* bémol sur la corde de *ré*. Pour capturer l'ardeur animant le visage de madame Suggia, John choisit le portrait de profil (rare depuis la Renaissance italienne) : la tête haute, calée sur un cou rigide, les yeux presque clos, le menton tendu et autoritaire suggèrent la maîtrise de l'instrument ; quand même il ne forme qu'une petite partie du tableau, c'est lui qui attire l'attention. L'arrière-plan de cette œuvre flamboyante s'embellit de tentures sombres chaudement modelées et harmonieusement modulées. Exposé pour la première fois à l'Alpine Club de Londres en mars 1913, le tableau ébranle. La critique, qui ne pouvait qu'encenser la virtuose – même si elle la comparait toujours aux hommes, maîtres-étalons du beau jeu –, fait assaut de condescendance mâle : ce portrait figurait une androgyne débraillée, une tentatrice féline, une sorcière, voire une sirène vêtue d'une robe d'écailles. La Suggia, elle, désormais diva, attribuait le succès fou du tableau au fait qu'elle jouait un Montagnana...

L'éclat d'un soleil sonore

À la fin du XVIe siècle, les « concerts » peints par Caravage pour son protecteur le cardinal del Monte, puis par d'autres peintres, connaissent une popularité exceptionnelle et exercent une très puissante influence – quand même Titien avait déjà exécuté un *Concert**[1], somptueux, amer, au tout début du siècle. Caravage, rejetant l'idéal humaniste de la Renaissance et tout élément accessoire, contribue, dans *Les musiciens**[2], à lier la musique au visible et à l'incarné : au vin, au jeu, à la corruption, aux plaisirs des sens. Certaines interprétations attribuent à cette œuvre un parfum de *concordia discors* (Horace, *Épîtres*, I, 12, v. 19) qui traduit une volonté

1. Émerge, du fond noir, la secrète harmonie entre deux musiciens ; l'un avec sa viole, l'autre les mains sur le clavier d'une épinette. Le jeune homme, à gauche, tout empanaché, nous regarde intensément, il nous invite, semble-t-il, dans la toile, à la répétition de ce concert.

2. L'espace comprimé de ce tableau avive l'instantanéité sensuelle de ces éphèbes, habillés de vêtements antiques et s'apprêtant à musiquer. Seul saille le violent contraste tonalité-lumière (celle, tourmentée, des enroulements de tissu blanc). Seul le luth, à sept chœurs, en train d'être accordé, creuse l'espace. À gauche, le jeune homme mystérieux, avec ailes et carquois, égrenant une grappe de raisin, symbolise clairement l'Amour. À droite, le dos arrogant et la voix voilée de celui qui étudie la partition ; celle-ci devait être lisible avant que la partie inférieure du tableau ne fût détériorée.

de syncrétisme entre la musique d'inspiration dionysiaque et celle d'inspiration rationnelle.

Le matériel musical figuré dans ces concerts en avive l'intérêt. Ainsi, chez Valentin de Boulogne, le plus fidèle caravagesque (à Rome, il fréquente des Flamands et des Allemands, fins connaisseurs de musique), dans cet imposant *Un concert**[1] : les instruments, nombreux, sont captivants, les musiciens, chairs à ombres vives, réunis, tristes et graves, autour d'une table couverte d'un luxueux tapis d'Orient. Tandis que, du même Boulogne, la *Réunion dans un cabaret** présente, faisant ribote, Dieu sait pourquoi sur un fragment de tombeau, les habitués d'une taverne : soudard coiffé d'une toque à plumes, bohémienne à la gorge tressaillante qui dérobe à un jeune naïf, tout attaché à exécuter un morceau sur une petite flûte à bec, sa bourse. Marqué par Le Valentin, Nicolas Tournier exécute son célèbre *Concert**[2], d'un grand intérêt pour l'organologue et l'historien de la musique, car, hors le chanteur, tous les musiciens improvisent, ou jouent de mémoire. Outre qu'il est une manière de portrait collectif, ce tableau, écrit Florence Gétreau, « témoigne en tout cas de ces concerts en famille où l'on exécutait des psaumes polyphoniques si en vogue à l'époque et dont les parties intermédiaires pouvaient être jouées aux instruments ».

1. À droite, un joueur de cornet à bouquin, l'embouchure (appelée « bouquin ») placée dans le coin de ses lèvres, comme il se doit. Mersenne en comparait la sonorité « à l'éclat d'un rayon de soleil, qui paroist dans l'ombre ou dans les ténèbres ». Une femme, seul personnage féminin du tableau, exécute sa partie sur une épinette polygonale. Deux enfants chantent. Plus loin, un joueur d'alto. De dos, un soldat pinçant un chitarrone, ou « théorbe romain ». En retrait, un homme joue d'une contrebasse à ouïes en *f*. Le croisement des deux longs manches des deux instruments participe à la vivacité la scène.

2. À gauche, un joueur d'une probable basse de viole, avec un dos plat et une table peu voûtée, un chevillier en forme de crosse et une touche dépourvue de frettes. À droite face à lui, un joueur de luth, à dix-neuf cordes et aux frettes bien visibles. Un peu en retrait, une femme touche une épinette, reconnaissable à la barre des sautereaux. Au fond, un enfant chante, pendant qu'un homme fait sonner un *violino piccolo,* un petit violon baptisé *alla francese* chez un Monteverdi, et qui disparaîtra au XVIIIe siècle.

Aux XIXe et XXe siècles, les peintres s'attachent plus à la prouesse que constitue un concert, public ou privé, voire au concert de soliste qui a lieu en privé ou en public. Le concert est alors lié à la notion de compositeur-virtuose. Dans *Liszt au piano**[1], Danhauser représente en ses appartements le compositeur, transcripteur et pianiste dont les formules de virtuosité stupéfièrent par leur hardiesse, voire leur extravagance. Roi du lieu, revêtu d'un long drap de soie noire, il lève son regard vers le buste de Beethoven, l'un des plus grands novateurs incendiaires de toute la musique, et vers lequel convergent les lignes directrices reliant les têtes des personnages.

Un autre artiste, Otto Dix, tente, dans les années 1920, sous le couvert d'une soirée de jazz dansante dans le club d'une *Grande ville**, Berlin, marquée par les séquelles de la guerre, d'ouvrir les abîmes que dissimulent les mœurs d'une société déliquescente, celle de la République de Weimar. Un couple dansotte le charleston qu'on dirait une danse des morts, les variations incessantes de couleurs de l'œuvre entraînant une incertitude et une mouvance ; une agogique, en quelque sorte, ce léger *décalage* rythmique propre au jazz ou à certaines musiques baroques. Jean Dubuffet démontre, lui, que le jazz, ça peut se consommer sur place, certes, mais pas « comme les bananes » (Sartre, qui fut plus pertinent) : en le transposant telle une « grande étoffe claquante » sèche et rageuse ; celle qui remet en question la vision, et l'écoute, incolores, complaisantes et assouvies, que nous pouvons avoir de cette expression toujours extrême – celle de *Jazz band (Dirty Style Blues)**[2], par exemple.

1. Une réunion romantique. À côté d'un portrait, accroché au mur, de Lord Byron, Niccolò Paganini et Gioachino Rossini. À gauche, des écrivains : Alexandre Dumas, Victor Hugo et, en pantalons et redingote, George Sand. À droite, la comtesse Marie d'Agoult, de dos, moite et un peu pâmée, écoute. Sur le piano, encombré de partitions, l'imposant buste de Beethoven réalisé par le sculpteur viennois Anton Dietrich.

2. Un concert de nègres n'est pas celui de « Satchmo » (Louis Armstrong) affichant toujours l'éclatante blancheur de son rire d'asservi, mais celui de noirs qui ameutèrent des masses insoulevables de douleurs, en souriant.

Aujourd'hui, tant bien que mal, les concerts tentent de s'adapter à de nouvelles formes de créations musicales, plus complexes et hétéroclites ; à de nouvelles configurations. L'espace, ainsi, celui qui encadre de silence le son, cet espace figé fait même partie de l'effectif (16 musiciens) de *Stasis*, « collage spatial », de la compositeur anglaise établie en Allemagne Rebecca Saunders, créé à Donaueschingen en 2011. D'où une musique à contre-jour et des formes entendues sous des éclairages différents. Les innovations surprennent, grisent ou exaspèrent. Alors, souvent, suivant la sentence de Duchamp qui posait que « ce sont les regardeurs qui font la peinture », ce sont les auditeurs qui font la musique, celle qui n'est pas commerciale, s'entend ; aussi les peintres sont-ils plus rares, qui nous la font entendre.

Entendre l'ombre du soir

Retour au XVIe siècle. En plein air, la pratique musicale donne lieu à des concerts champêtres. Le mystérieux et célèbre *Concert champêtre** de Titien (longtemps attribué à Giorgione) suscita maintes gloses. Pour certains, ce tableau illustre les principes métaphysiques de l'harmonie des éléments cosmiques, et son ordonnancement harmonieux grâce à des rapports mathématiques et musicaux, selon Pythagore : la femme à la flûte, dévêtue, de dos, à la sensualité immédiate, représenterait la Terre ; l'homme aux cheveux clairs décoiffés par le vent, l'Air ; le luthiste, aux cheveux longs et noirs, le Feu (c'est son geste suspendu qui « déclenche » les différents niveaux de réalité) ; et la puiseuse, ou verseuse, d'eau, aux amples proportions, nue elle aussi, moins spontanée toutefois, – c'est un nu artistique, sa draperie le montre –, serait identifiée à l'Eau. Pour d'autres, cette peinture serait une allégorie de la Poésie : ses symboles, la flûte et l'eau versée dans le puits, sont partagés entre les deux femmes dévêtues à l'idéale beauté ; des figures irréelles qui n'existeraient que dans l'imagination des deux musiciens. Ou encore une allégorie multiple : ville et campagne ; musique savante et tradition rustique ; civilisation et état de nature se contrepointent dans le hâle de l'ombre du soir. En tout cas, l'association implicite des amples courbes des femmes dévêtues et de la fragile rondeur des sons du luth et de la flûte rend le regardeur immédiatement et sensuellement complice de cette scène de concert vespéral. D'autres artistes, plus péremptoires, se l'approprient, ce Concert, le détournent, lui rendent un hommage subversif : Clovis Trouille, ainsi, en ses *Trois reproductions de Giorgione retouchées et encadrées*, « collage-bricolage » où sont collés, surcollés, insérés de multiples documents iconographiques relatifs à Titien. D'aucuns enfin posent cette question : quelle musique jouent-ils ? L'agrégation de ces deux jeunes gens habillés et de ces deux intemporelles nudités, mêlés aux bruits de l'eau (cascade, rivière, carafe de cristal), et du berger ébouriffé qui irrupte et coupe le son, à l'arrière-plan, laisse imaginer une signification plus complexe, insaisissable, celle qui inspira, dans un irréel aboutissement, Manet et son *Déjeuner sur l'herbe* ; lequel fera écrire à Picasso, en 1932 : « Des douleurs pour plus tard. » Ce n'est que dans les années 1950-1960 qu'il tentera, pendant plus de deux ans, dans *Le déjeuner sur l'herbe d'après Manet**, de dénouer les ambiguïtés de cette « partie carrée », tympanisant par là même cette critique haineuse du chef-d'œuvre de Manet en 1863.

La tristesse du déguisement

Au XVIIIe siècle, en France notamment, on cherche, parfois excelle à adapter les modèles passés à la guise de son époque : atmosphère agreste et moite où pétille l'inconstance de la femme, affolée par les déchirements d'une passion. La musique, celle de la flûte et de la musette, enchante des réunions bucoliques. Watteau, si complexe et imperceptible (le sujet de ces tableaux n'est jamais clairement explicite), harmonise, dans ses musiques mises à nu et transposées en mineur, la réalité et l'illusion, la grâce et l'angoisse : « Dans son œuvre, écrit Proust, l'amour est mélancolique, et le plaisir même. [...] Un amour où la causerie, la gourmandise, la promenade, la tristesse du déguisement, de l'eau et de l'heure qui passent, tiennent plus de place que le plaisir même, une sorte d'impuissance ornée. » Règne ainsi dans l'éden mi-clos et impertinent du *Concert champêtre**, dit aussi *La déclaration attendue*, derrière de sombres troncs et de frissonnantes frondaisons, une moribonde lumière du soir ; cette lueur insatisfaite, grâce à laquelle les couleurs se rechargent, éclaire les ébats de bergers de convention, à moins que ce ne soient des seigneurs déguisés. Un jeune homme timide et songeur tresse une couronne de fleurs à sa belle qui n'attend rien d'autre que sa déclaration. Gabriel Fauré, dont la musique « n'allait jamais jusqu'à la joie ni jusqu'à la douleur », pensait-il, ravive le souvenir de cette élégance désenchantée dans la suite d'orchestre *Masques et bergamasques*, titre tiré du deuxième vers de « Clair de lune », poème extrait des *Fêtes galantes* de Verlaine, lequel traduit mieux que le musicien l'ambiguïté de Watteau. Notons également que presque tous les changements instrumentaux importants d'alors trouvèrent un écho dans les œuvres de Watteau : « modèles différents de flûte traversière, précise Florence Gétreau, nouveau basson à quatre clefs, jeu différencié de la viole de gambe et du violoncelle, et non codifié de la contrebasse, musette de cour et vielle à roue en passe de devenir aristocratiques » ; et aussi guitares, clavecins, flageolets, hautbois et théorbes très bien caractérisés.

Premier paysagiste de son siècle et principal musicien des peintres de France, Jean-Baptiste Camille Corot, dès 1850, trouve dans la musique, qu'il aime avec tout le mordant de sa raison, l'une des principales sources d'inspiration de son œuvre. Qui s'épanouit en un *Concert champêtre**, où deux scènes, rigoureusement échelonnées dans la profondeur de la toile, semblent une composition chorégraphique, ou un opéra imaginé. Pendant que dans le lointain pâle des jeunes filles s'amusent, c'est, en avant, la douceur mystérieuse, désenchantée et paisible d'un duo de chant et de violoncelle qu'écoute avec attention et curiosité une autre jeune fille accoudée sur les herbes sombres, tristes comme les arbres. La rigoureuse nonchalance de cette construction, comme murmurée aux heures inertes du jour, évoque bien l'abstraction musicale ; mais autrement, à basse fréquence. Picasso, qui avait acquis trois Corot, appréciait ce peintre, transportable pour ses « variations » ; il en déchire les rythmes subtils, l'agrégat des couleurs étouffées, le scintillement des sons ; en un *Concert champêtre** qu'on dirait un éclatant sacre du printemps, une jaillissante bacchanale trouée de soleils blancs et assortie de joueurs d'*aulos* double accentués, de ménades exaltées, d'un bouc et de sa victime déchiquetée aux teintes calmées.

Comment peindre la voix

La voix est un matériau charnel – plus près de la pâte de Rembrandt que des effilures de Monet ; de Debussy que de Koechlin. Une matière vivante qui s'offre et souffre, exprime le fantôme intérieur – celui qu'il faudrait pouvoir peindre –, dessine l'« espace du dedans ». Peindre un chanteur en train de chanter, c'est peindre l'épanchement de cet espace. C'est donner à voir les jaillissements du son, leurs bonds hors de la crypte buccale ; leurs remous incompréhensibles, parce qu'inaccessibles à l'observation humaine. La peinture est une épiphanie acoustique. Ironique, le silence vrille l'auditeur, peintre désormais.

Sur d'anciennes miniatures figurent des personnages aux visages troués d'un vide béant ; nous comprenons qu'ils chantent en raison seulement des instrumentistes qui les entourent. Progressivement ces cavités s'affinent jusqu'à se sophistiquer, comme dans *La Nativité**[1] de Piero della Francesca, peintre et mathématicien, où cinq jeunes et angéliques musiciens, solennels, impassibles et presque géométrisés, accompagnent, harmonie dans une harmonie, cet instant rare ; dans un paysage aéré, silencieux, aux tons radieux et pâles, ponctué

1. Deux luths et un instrument à archet difficilement identifiable accompagnent deux jeunes chanteurs. L'un fait entendre une voyelle ouverte, semble-t-il, l'autre une voyelle plus fermée : le mot « Ave », que ce peintre, maître des sous-entendus, nous laisse deviner.

de taches. Mais si l'on fait abstraction des trois instrumentistes, le difficile est de savoir si l'une des bouches bées crie tandis que l'autre bâille. Les chanteurs semblent « flotter » au-dessus d'un son sans sang, dans un temps suspendu, autant, par exemple, qu'à la fin du deuxième mouvement de *Tracés d'ombres* (2005/2007) de Franck Bedrossian, lors que le quatuor joue un accord détempéré avec le moins de pression possible de l'archet et des doigts sur les cordes. La musique, par son essence, agrée la distanciation : « Les sons, écrit Gilles Deleuze, accélèrent la déterritorialisation du visage, lui donnant une puissance proprement acoustique, tandis que le visage réagit musicalement en précipitant à son tour la déterritorialisation de la voix. » Nous revient, toujours vert, le souvenir du Ludovic des *Impressions d'Afrique* de Roussel, le fameux chanteur à la voix quadruple, dont la bouche pouvait interpréter sans erreur le célèbre canon de *Frère Jacques* ; car Ludovic « était parvenu à scinder ses lèvres et sa langue en positions indépendantes les unes des autres et à pouvoir sans peine articuler en même temps plusieurs parties enchevêtrées, différant par l'air et par les paroles ».

Chanter juste un peu faux

Point d'angélisme, de voix métaphorique ou de singerie idéaliste en revanche chez le chaleureux Jacob Jordaens ! Mais une harmonie matérielle, grasse, toute bariolée de touches rissolées. Le peintre annonce la couleur en surmontant *Les jeunes piaillent comme chantent les vieux** d'un cartouche, quasi éponyme, reproduisant un dicton flamand : « Comme chantent les vieux, piaillent les jeunes. » Autour d'une table débordant de victuailles et de boissons, une famille dont le père joue de la cornemuse, rauque, et les enfants du pipeau, aigrelet, pendant que chantent, juste un peu faux, les grands-parents. La musique n'a pas besoin d'adoucir les mœurs, la cohésion cimente le foyer : les grands-parents occupent une place centrale, les parents prospèrent, la jeunesse exubère, qui suit l'exemple de ses aînés. Mais le tableau peut offrir d'autres lectures. Moralisatrice : la chouette, symbole de sagesse et de clairvoyance, est souvent associée aux ténèbres et à la mort ; historique : le pain, associé au raisin et au vin, évoque l'Eucharistie, ainsi les guerres opposant catholiques et calvinistes dans les provinces du Nord, confirmant que la paix d'un État est aussi précaire que l'harmonie musicale. (Le compositeur Guillaume Lekeu se montra particulièrement sensible à l'une des versions de cette toile, lors d'une visite à l'Ancienne Pinacothèque de Munich, ainsi qu'il l'écrit à son vieil ami Marcel Guimbaud le 2 août 1889.)

Deux siècles plus tard, le sauvage Degas imagine le chant d'une manière plus « naturaliste », plus directe, plus intime à son horreur habituelle des femmes : *La chanteuse de café**. (Un jour, qui est un bon jour, quand Paul Valéry chez lui le rencontre : « Il me chante en italien une cavatine de Cimarosa. ») La chanteuse, dans un cadrage surprenant, sous la cruelle lumière des feux de la rampe, en décolleté, les chairs lisses et crémeuses, bouche grande ouverte, lèvres incarnates et gorge déployée, son bras droit ganté de noir éclatant, levé, dégoise un couplet sans doute aussi fruste et violent que les bandes rouges, vertes et jaunes qui l'accompagnent. Son attitude, brusquement immobilisée, suscite « la sensation de l'étrange exact, de l'invu si juste qu'on se surprend d'être étonné » (Huysmans). Le tralala kitsch et ambigu de son chant silencieux embarrasse, ou fascine, comme un arrêt sur image d'une nudité dévoilée, rusée et complice que l'on ne cesserait de contempler. De convoiter. Sans risques. Notre regard se dissout dans la voix silencieuse qui s'élève. L'œil du peintre est ensorcelé par les sons de la femme-chanteuse : chacun voit ce qu'il a envie d'entendre, entend ce qu'il a envie de voir. Cathy Berberian raconte qu'après une audition de *Visage* (1961) pour voix et électronique de Luciano Berio, une dame était venue lui dire : « Vous savez, madame, quand j'écoutais cette bande, il m'a semblé qu'il y avait une femme qui paraissait avoir un orgasme. » Par parenthèses, Sade, pour entendre le gémissement de l'orgasme, auquel souvent se confond celui de la douleur, et plus précisément les voluptés de Verneuil, dans *La nouvelle Justine*, imagine un instrument de musique qui en serait l'amplificateur : « [...] on avait affublé son crâne d'un casque à tuyau, organisé de manière que les cris que lui faisaient jeter les douleurs dont on accablait [sa femme] ressemblaient aux mugissements d'un bœuf. »

En raison de simulacres musicaux, d'écholalies, d'anamorphoses d'émotions, de l'érotisme de la voix, quand toutes ses capacités sont explorées, de l'univocité explosée du langage, l'écouteur se transforme, par sa rêverie et le « dérèglement systématique de tous ses sens », en voyeur qui enfin peut étancher des envies longtemps refoulées, incessamment abolir la distance entre le désir et la proie. Ce qui marque les limites de M. Teste, ce monstre d'intelligence, et celles de l'esthétique apollinienne, cette insupportable étincelance : il n'entend pas chanter l'image silencieuse. « Au commencement était l'émotion, trompette Céline. Le Verbe est venu ensuite pour remplacer l'émotion, comme le trot remplace le galop, alors que la loi naturelle du cheval est le galop ; on lui fait avoir le trot. On a sorti l'homme de la poésie émotive pour la faire entrer dans la dialectique, c'est-à-dire le bafouillage, n'est-ce pas ? »

VIII

Semblances et ressemblances

Tautologie spéculaire

Le portrait est une oscillation entre le réalisme souvent servile de la réplique – le dénombrement rigoureux des vermicelles du potage – et l'idéalisme qui s'efforce de déchiffrer l'envers du modèle – la touche qui l'hallucine, une courbe qui dissone. Le peintre impose alors du musicien une vision gorgée d'ambigu ; au point que ce qu'on a devant les yeux se conforme à ce qu'il verrait à notre place. On voit mieux le peintre que ce qu'il laisse entendre de son modèle.

Prémices

Au XIVe et au début du XVe siècle, quand apparaissent des géants de la littérature et des beaux-arts tels Dante et Giotto, paraissent aussi les premières images de musiciens ; non comme des portraits individuels, mais comme miniatures de manuscrits. Celles, par exemple, figurant sur certaines des nombreuses œuvres qui nous sont parvenues du musicien et poète Guillaume de Machaut, auteur de l'un des monuments, immense et audacieux, de la musique médiévale, la première messe complète à plusieurs voix, la *Messe Notre-Dame*. Ou ces images de compositeurs, illustrant le somptueux *Codex Squarcialupi* (du nom de l'organiste de

Laurent de Médicis à qui il appartint, Antonio Squarcialupi), source majeure de la musique italienne du Trecento (353 œuvres). Richement enluminés d'or, de rouge, de bleu et de violet, ces portraits, présentés en ordre chronologique (Giovanni da Cascia, Francesco Landini ou Andrea Da Firenze) et individualisés par des attributs, un instrument, voire une infirmité, constituent une manière de décoration contrapuntique à la notation. Ou encore la célèbre miniature représentant Guillaume Dufay, à côté d'un orgue portatif (la musique sacrée), conversant avec son illustre exact contemporain et ami Gilles Binchois tenant une harpe (la musique profane). Une miniature qui décore *Le champion des dames*, épais poème didactique et moral de Martin Le Franc, où il est dit, entre autres, que la fin du monde est désormais proche, vu la perfection atteinte par les arts, notamment la musique grâce à Dufay et à Binchois. Ou aussi celle, extraite des *Chants royaux sur la Conception couronnée au puy de Rouen*, qui expose le lyrique Johannes Ockeghem dirigeant la maîtrise de Saint-Martin de Tours, ligne d'horizon pour l'ouïe. Citons enfin le premier portrait individualisé d'un poète-musicien germanophone, Oswald von Wolkenstein, l'un des plus convaincants de la Pré-Renaissance, réalisé sans doute par un peintre de l'atelier de Pisanello*, voire par Pisanello lui-même. Ce voyageur et chevalier du Tyrol du Sud y figure en costume d'apparat, portant les insignes de l'ordre aragonais de la Jarre ou du Griffon et de celui du Dragon, créé par le futur empereur Sigismond, le visage balafré d'une lèvre inférieure difforme et l'œil droit clos, perdu ou blessé. Aucun lien, toutefois, entre le personnage austère, hiératique que nous montre l'artiste et le musicien coloriste et sensuel, lyrique et grivois, gourmand de ces tintamarres d'images que sont les onomatopées.

Le portrait de musiciens s'épanouit, ce n'est pas un hasard, avec la peinture flamande du XVe siècle, et son plus excellent portraitiste, Hans Memling dont deux œuvres font date dans l'histoire de l'art pictural : le troublant *Portrait de Gilles Joye*, image idéalisée, en pénitent affligé, de ce compositeur de chansons cupide et débauché, d'une part ; de l'autre le

Portrait de Jacob Obrecht (sans doute inachevé), image réaliste, humble et imposante, de ce compositeur célébré dont les œuvres, écrit Johannes Tinctoris, musicien, lexicographe et premier théoricien de la musique de la Renaissance, « diffusées partout dans le monde, remplissent les églises de Dieu, les palais des rois et les maisons de simples particuliers, avec une extrême douceur ». En Italie, domine, peint par Léonard de Vinci ou l'un de ses élèves, ce *Portrait d'un musicien*, sans doute celui du compositeur et théoricien Franchino Gaffurio, auteur de la *Practica musicae*, ouvrage de référence pour nombre de théoriciens au XVIe siècle, et l'un des principaux instigateurs du renouveau musical italien après la souveraine domination des Franco-Flamands dans la Botte, tenant dans sa main droite une page de partition où l'on peut lire CANT[um] ANG[elicum] (dans son traité *Angelicum ac divinum opus musice*). Sans omettre celui, vibrant, saisi par Giuseppe Belli, de Gasparo Alberti, l'un des créateurs les plus éminents, avec Costanzo Festa, de la musique polyphonique en Italie au début de la Renaissance.

Insolente Vénitienne

Dès le XVIe siècle, les liens entre musique et peinture se resserrent. La plupart des compositeurs de renom fournit matière à des œuvres picturales, est portraiturée par des artistes contemporains : Claudio Monteverdi, par Bernardo Strozzi, ses mains insouciantes sur une partition largement ouverte, ou son disciple Heinrich Schütz, par Christoph Spetner, sa main droite crispée sur une partition enroulée. Un siècle plus tard, en France par exemple, les portraits founissent une documentation précise sur les compositeurs et les techniques de jeu, mais aussi sur les goûts du public, amateur et professionnel, pour tel ou tel instrument. Le luth, en son dernier apogée au XVIIe siècle, a la faveur de nombreux artistes. Une représentation aussi célèbre que précise : celle de l'instrument tenu par le compositeur et dernier des grands luthistes français Charles Mouton, par François de Troy (*Portrait du luthiste Charles Mouton**). L'instrument comprend onze rangs (dix chœurs et la chanterelle, en partie effacés par les nettoyages), sa coque est calée sur les jambes croisées de l'interprète, vêtu de l'uniforme des musiciens de la cour de Louis XIV, qui improvise, le regard morne et lointain. Cette pose est si appropriée qu'André Bouys l'utilisera pour son *Portrait de Marin Marais, compositeur**, avec, posée sur sa cuisse droite, l'échancrure d'une viole de gambe, tenue comme un luth. Pour la viole de gambe, une admirable littérature voit d'ailleurs le jour en Italie. Les portraits y sont moins austères que dans le reste de l'Europe. Ainsi, de Bernardo Strozzi, celui de *La joueuse de viole de gambe**, sans doute Barbara Strozzi, rare, remarquable et féconde compositeur et chanteuse vénitienne qui, en 1644, « osa » publier sa première œuvre, *Il primo libro de madrigali* op. 1. La violiste est représentée le sein gauche nu, ferme et pesant ; peut-être pour plaire aux lestes académiciens de la libertine *Accademia degli Incogniti* dont elle était la muse.

Au XVIIIe siècle, l'iconographie musicale est innombrable, du fait des progrès de la technique, entre autres. Les portraitistes attachent une importance particulière aux attributs qui accompagnent le modèle. Ainsi, ce portrait officiel de Jean-Sébastien Bach, peint par Elias Gottlob Haussmann : le Cantor tient entre le pouce et l'index de sa main droite l'énigmatique *Canon triplex a 6 Voc.* (BWV 1076), composé pour son admission à la Société de correspondants sur les sciences musicales, fondée par Johann Lorenz Mizler en 1738 ; on n'y voit, de ce petit canon, à l'endroit, que trois voix ; les trois autres apparaissent en lisant la partition dans un miroir.

La muse et le cadavre

Un siècle plus tard, la figure de Cherubini, dans *Le compositeur Cherubini et la muse de la Poésie lyrique** de Jean Auguste Dominique Ingres, artiste serein et « hétéroclite » (Baudelaire), nous offre des traits de ressemblance réels, tout en mêlant réalisme et allégorie, époques antique et contemporaine. Ingres, violoniste consommé, il se distingua dans un concerto de Viotti, admire fanatiquement Haydn, Mozart et Beethoven, rencontre à la Villa Médicis son directeur, Cherubini, le plus grand compositeur vivant pour le pecus dur d'oreille qui l'adule. Mais que dédaignent les jeunes compositeurs « romantiques », rédempteurs de l'art musical ; et que vilipende Berlioz pour sa marotte de vénérer « cet exécrable tissu de notes antimusicales qu'on appelle une fugue » (Cherubini avait commis un *Cours de contrepoint et de fugue* qui fit long feu) : « C'est son bonheur, la fugue, c'est son élément, ajoute Berlioz dans *L'Europe littéraire* du 12 juin 1833. Il joue avec elle, il la caresse, il s'y complaît, s'y accroche, s'y cramponne, s'y encalifourchonne comme Quasimodo sur le bourdon de Notre-Dame. » Une *Kunst, aus der Fuge* ! Dans ce tableau, l'illustre personnage, que Berlioz, dans des colères « grandes comme la mer » qualifiait de « cadavéreux », vêtu d'un carrick noir entrouvert, est concentré, sévère et spleenétique (il souffrait de dépressions chroniques) ; derrière lui, en un brusque contraste avec la tristesse du compositeur, la tête appuyée sur la main droite, selon le traditionnel *gestus melancholicus*, une immense muse vigoureuse et radieuse le domine (réalisée par l'élève et collaborateur d'Ingres, Henri Lehmann) : Terpsichore, lèvres de pourpre et cheveux sombres, drapée à l'antique d'un peplum clair, tenant une kythara d'ivoire à sept cordes à la main gauche, pendant que son bras en plein raccourci et sa main droite protègent et désignent le musicien pour la postérité, pense-t-on ; nous pensons qu'elle symbolise, fine mouche, les mille souffrances de l'art de la musique. Un portrait surtout « dissonant », en ce qu'il est à la fois muséifié par le lourd idéal de l'Immortelle, et réaliste par la représentation minutieuse du musicien. Cette dissonance hache le déroulé temporel de sa lecture.

L'œuvre connut le succès dès sa présentation aux Tuileries : elle fut achetée par Louis-Philippe qui la qualifia de « moderne »... À la mort de Cherubini, en 1842, on pouvait lire dans la *Revue des deux mondes* du 1er mai, quant à sa succession au poste de directeur du Conservatoire de musique : « On a parlé d'une quatrième candidature ; s'il fallait en croire certains journaux, l'auteur de la *Symphonie fantastique* se mettrait, lui aussi, sur les rangs. La survivance académique de Chérubini [*sic*] à M. Berlioz ! Quel dommage que le malin vieillard, qui s'est tant de fois égayé sur les malencontreuses élucubrations du chantre d'*Harold aux montagnes* [titre du premier épisode d'*Harold en Italie*] n'ait pas eu vent de cette outrecuidante fantaisie ! » Gustave Courbet le fait émerger, *Hector Berlioz**[1], tourmenté, taciturne et fier, d'un fond sombre, à l'image de celle, elle aussi romantique, mais illuminée et tumultueuse, du « pauvre et cher Chopin », peinte par Eugène Delacroix (*Portrait de Frédéric Chopin**[2]). Laquelle œuvre contraste brutalement avec le *Frédéric Chopin**, benêt, de l'immodeste Thomas Couture : il voyait en Chopin un artiste insuffisant et intelligent tout ensemble ; la médiocrité de son faire, renchérissait-il, lui constitue une fausse originalité. Delacroix, d'un revers de plume : « Ce qui manque [à Thomas Couture], je crois qu'il ne l'acquerra jamais. »

Wagner a besoin de mensonges

À la toute fin du XIXe siècle, Pierre-Auguste Renoir rend visite, à Palerme, à Wagner dont il est l'un des premiers admirateurs en France, et qui vient de terminer *Parsifal.*

---

1. Quand, peignant, le jeune peintre chante ses chansons favorites à Berlioz, d'« informes mélopées », rapporte Georges Kial, cet intransigeant tourmenté, agacé, le pense « idiot ». Et refuse le portrait. Peu flatteur il est vrai. Courbet devait déclarer à ses proches que c'est en raison de sa totale ignardise en peinture que Berlioz se laissa convaincre par sa femme Marie Recio de la piètre qualité de l'œuvre.

2. Une amitié passionnée liait Delacroix à Chopin. Avec, entre eux, cette différence sensible : Delacroix « ne se lasse pas d'écouter Chopin ; il le savoure ; il le sait par cœur », note George Sand dans *Impressions et souvenirs.* Alors que Chopin, « quand il regarde un tableau de son ami, poursuit George Sand, il souffre et il ne peut trouver mot à lui dire. Il est musicien, rien que musicien. [...] Il ne peut rien comprendre à la peinture ».

Après deux sollicitations infructueuses, Renoir peut le portraiturer. La séance de pose est brève. Au soir, rapporte Cosima dans son Journal, le compositeur, face au tableau de « Renouard » (*sic*), moqueur, déclara que « cet étrange portrait bleu rosâtre avait l'air d'un embryon d'ange gobé par un épicurien croyant que c'était une huître ». De ce tableau*, Gauguin, envahi de musique et admirateur de Wagner, aura une vision plus indulgente : « Dans une exposition sur le boulevard des Italiens je vis une étrange tête. Je ne sais pourquoi en moi il se passait quelque chose et pourquoi devant une peinture j'entendis d'étranges mélodies. Une tête de docteur très pâle dont les yeux ne vous fixent pas, ne regardent pas, mais écoutent. » Quant à Thomas Mann, dès 1933, il avait deviné, comme il l'écrit dans *Souffrances et grandeur de Richard Wagner*, que « la peinture ne le touche point », ce zélateur de la « fusion des arts », que « les arts plastiques n'avaient rien à lui dire, ni dans leur passé, ni dans leur vivante présence. La grande chose en train de croître à côté de son œuvre, l'impressionnisme français, cela, il ne le voit pas, ne le regarde pas. Ses rapports avec cette peinture se bornent à ceci que Renoir a fait son portrait. Un portrait qui ne pare pas précisément Wagner d'un nimbe héroïque, et qui sans doute ne lui aura pas trop plu. »

Au XXe siècle encore, certains artistes, désertant le portrait proprement dit, s'échignent au portrait métaphorique qui souvent transmet plus justement l'essence du créateur représenté, capture plus finement les résonances éveillées, désaltère l'espérance qu'ont le contemplateur et l'auditeur de mieux percer ses semblances. Peindre métaphore, c'est percevoir ! Antoni Tàpies, parmi nombre de peintures consacrées à son « idole de toujours », dévoile le pessimisme que lui inspire le « vieil empoisonneur » (Debussy) dans *Hommage à Richard Wagner**, sombre chaos apocalyptique, plaie ouverte que cette meule de paille d'où surgit l'effigie renversée du compositeur. Ou Anselm Kiefer, qui, en d'abondantes réalisations en prise avec le mythe wagnérien, fait référence à l'histoire, au contrepoint entre la mémoire et le deuil, entre le feu et la cendre. Ainsi *Siegfried vergißt Brünhilde* (« Siegfried oublie Brünhilde », 1975) dont le titre, écrit en noir, qui traverse verticalement le milieu d'un champ nu, enneigé et venteux, balafré de sillons ensanglantés, peut évoquer les rails du train conduisant notre regard vers la catastrophe, jusqu'à Auschwitz. On peut penser également que l'image de la *Winterreise*, ou celle de l'interminable et difficile voyage de Siegfried, sa quête désespérée d'une raison d'être trouvent ici une nouvelle signification : détournée et purifiée (de leur récupération pas les nazis). Et, comme en écho, les musiques de ceux qui sont morts dans les camps : Erwin Schulhoff, Pavel Haas, Hans Krása ou Viktor Ullmann.

Une grosse sauterelle gomme-gutte

« Ce qui plairait le plus à Igor Stravinsky en guise de portrait, écrit Henri Sauguet, est une fiche d'état civil illustrée de sa photographie d'identité. » Nonobstant l'inébranlable horreur qu'avait en effet cet antiromantique farouche de toute « interprétation » de son œuvre, qui conduit inévitablement à « la plus ridicule des mégalomanies », *a fortiori* d'illustrations de sa personne, il ne dédaigna point, ce démangé d'immortalité, que l'on exécutât son portrait. Maints artistes le pouponnèrent, le trahirent, le martyrisèrent : René Auberjonois, Cocteau, Giacometti, Robert Delaunay, Picasso, Michel Larionov, Gleizes, Walt Disney, Ernest Pignon-Ernest ou Erró.

Stravinsky était vif, sec, inquiet ; « l'animal auquel il ressemble le plus, écrit Charles-Albert Cingria dans ses *Portraits*, – car nous ressemblons tous à un animal et c'est là qu'on reconnaît les sots quand ils croient qu'en se livrant à ces identifications, l'on fait de l'esprit – est une de ces grosses sauterelles gomme-gutte d'espèce comestible que les vents de Nubie transportent en multitude [...] ». D'autres artistes évoquent la fourmi, le toucan, puis, dans les vieux jours du « Père Igor » (Berio), un batracien ou un babiroussa. Robert Craft, quand il le rencontre, en 1948 : « Une taille de pygmée, des jambes en cerceau, maigre comme un clou mais des épaules de footballeur (américain), des mains massives aux énormes jointures, un crâne minuscule avec des lobes frontaux fuyants, une chevelure poivre et sel [...], un long cou rouge et raide, frangé sur la nuque par une crête à la Woody Woodpecker... » Aussi la dissemblance est-elle grande entre le modèle et le maître à l'incessante et parfois ressassante modernité ; souvent la ressemblance provient de l'écart, du lointain extérieur, de la dissymétrie particulière entre le visage, ou le personnage, et le modèle : « Chaque figure a son rythme particulier, écrit Matisse, et c'est ce rythme qui crée la ressemblance. »

Jacques-Émile Blanche, rapin chic et perspicace (il peignit la plupart des figures, bientôt illustres, du milieu artistique parisien), représente, dans *Igor Stravinsky, compositeur**[1], de façon superficielle et rapide, un Stravinsky arbitre du bon goût, une manière de Brummel des bords de mers ; sans doute ne s'attarderait-on guère sur ce portrait si l'on ne connaissait, par ailleurs, l'identité du modèle. Exécuté à la même époque, le *Portrait d'Igor Stravinsky**, de Picasso, qui venait d'entrer dans sa « période Ingres », quand même il ressemble *terriblement* au modèle et le perce à jour, est trompeur en ce qu'il avoisine la caricature. Un « faciès de gargouille gothique » (Ramuz) avec binocle ajusté, les oreilles pas d'accord avec le reste du visage, semble se dégager du corps massif aux mains d'égorgeur, que viennent encore élargir les accoudoirs du fauteuil sur lequel Stravinsky est assis ; apollinien et dionysiaque, raffiné et barbare. Ce que résume bien Cocteau, parlant du *Sacre* : « Une magnificence terrible avec une volonté têtue de dépouillement. »

D'autres mains semblent les centres d'attraction de certains portraits : de Rameau, atone et inexpressif, par Jacques Aved (*Portrait de Rameau**[2]) ; de Busoni, cravaché

1. La discordance est grandiose entre ce dandy chic, arbitre raffiné d'élégances océanes, et la profondeur, l'intensité acharnée du compositeur dont vient d'être chahuté le paroxystique *Sacre du printemps*, qui ouvrit les oreilles musicales aux univers acoustiques à venir. Stravinsky, c'est aussi, pour Debussy, « un jeune sauvage qui porte des cravates tumultueuses, baise la main des femmes en leur marchant sur les pieds ».

2. Les mains puissantes de Rameau révèlent l'entière domination du violon qu'il tient. Capables de délicatesse aussi bien, quand elles

et extatique, par Max Oppenheimer (*Ferruccio Busoni**[1]) ; de Webern, sa main gauche, ossue et noueuse, bien en évidence, par Oppenheimer aussi (*Anton von Webern**) ; ou encore celle de Böcklin par lui-même (*Selbstbildnis mit fiedelndem Tod** ; « Autoportrait avec la Mort au violon ») : les doigts osseux des mains de la Mort lui jouent, sur la dernière, grave, unique et luisante corde de *sol* de son violon désaccordé, une étrange mélodie qu'il écoute avec une attention paisible et s'apprête, pinceau et palette en suspens, à porter sur la toile. Gustav Mahler s'en serait inspiré, selon sa femme, l'eût transposée dans le scherzo de la *Quatrième Symphonie* sous la forme d'une danse macabre où un crincrin étrange et irritant accordé un ton trop haut (*scordatura*) joue une mélodie grinçante qui contraste avec le reste de l'œuvre. Ce scherzo, Mahler l'avait d'ailleurs muni d'un exergue qui disparut de la partition imprimée : *Freund Hein spielt auf*, souvent traduit par « la mort conduit le bal ». (Böcklin choisit le mot *Fiedel*, ici « violon vulgaire », celui du musicien de rue, dans le titre de son autoportrait.)

Défiguré par ses ombres

Entre le compositeur et son « interprète », la distance peut se révéler infranchissable. Entre Mozart, hors de pair, et ses portraitistes, un immense hiatus. Mozart, on ne peut le

---

vont, comme ici, exécuter un pizzicato. Sur la table, quelques portées manuscrites de musique et un archet à la pointe effilée « en tête de brochet ». Hugues Maret, premier biographe de Rameau (*Éloge historique de M. Rameau, compositeur de la musique de chambre du roi*, 1766), rapporte que le maître composait parfois avec un violon à la main.

1. C'est la légende de l'exceptionnel virtuose d'un piano libéré, orchestral, que fut aussi le compositeur Busoni qui ébranla Max Oppenheimer (qui signait aussi MOPP ou M.OPP). Des témoins affirmaient avoir entendu des effets de trompettes et de cors sous les doigts de cet artiste qui entreprit, avant le XXe siècle, de déstabiliser la tonalité – comme dans la surprenante deuxième pièce des *Fünf kurze Stücke zur Pflege des polyphonen Spiels* (« Cinq pièces brèves pour la pratique du jeu polyphonique »).

voir sans le défigurer ; Mozart, on le veut magicien ; mais Mozart « n'était pas seulement de la magie, il était de la magie *rompue* », traduit Helmut Lachenmann, personnalisait l'enchantement désenchanté. On ne peut que l'entendre, Mozart, et une fois qu'on l'a entendu, on est détraqué au plus profond, on est malade de Mozart, réinventé confusément, car la musique de cet homme, qui nous *apparaît* simultanément joyeuse et angoissée, atroce et douce, elle est insupprimable, on l'entend tout le temps, comme on entend tout le temps de minuscules cataclysmes. On vit le mystère de la beauté, qu'escorte toujours l'effroi qu'elle provoque. Kierkegaard, à l'auteur de *Don Giovanni* : « Mozart immortel ! À toi je dois tout, la perte de ma raison, le saisissement de mon âme, l'épouvante au plus profond de mon être ; à toi je dois de ne pas avoir parcouru la vie sans que rien fût capable de m'ébranler. »

Néanmoins, la contradiction étant le vif du monde ! il est beaucoup de portraits de Mozart, « authentiques », certifiés authentiques, « copiés d'après... », artefacts, faux ou apocryphes (en 2008, on découvrait un nouveau portrait peint à l'huile de Mozart adulte, attribué à Joseph Hickel, vers 1783). Jamais ces portraits ne présentent, au-delà de leurs traits superficiels, assez de similitudes pour qu'affleure une donnée plus profonde, jamais ils ne représentent le même homme : enfant prodige au profil de bonbonnière ou enfant martyr, perpétuel pérégrin sans âge, divin Mozart, ou apprenti tailleur tant il était clinquant et poudré, ou « Mozart au gros nez » tant il était disgracieux, ou encore offrant « un aspect repoussant, les yeux sans flammes et une expression stupide », comme l'exprimait le jeune Ludwig Tieck à l'Opéra de Berlin en 1789. Les peintres et graveurs contemporains, de second rang, puis les thuriféraires, d'une part voulurent atteindre l'effet – réducteur – désiré ; de l'autre ils avaient affaire à un personnage déjà travesti, masqué par d'opaques couches d'idées reçues, de ragots, de mythes et de légendes (dont la plus fameuse, celle de l'empoisonnement à l'*acqua toffana*), fantasmes commencés entre 1798 et 1801 avec les *Anecdotes certifiées exactes tirées de la vie de Wolfgang Gottlieb Mozart...*, publiées par Johannes Friedrich Rochlitz dans le journal qu'il dirigeait à Leipzig, l'*Allgemeine Musikalische Zeitung.* (On s'étonne sans cesse à neuf qu'au XXe siècle, tous les efforts des cinéastes approchant Mozart furent vains, qui dépeignent alors ses proches : le père, main de fer, Salieri, haï de Dieu, Schikaneder le cabotin, Da Ponte, l'abbé lovelace, Nannerl, sacrifiée à « Wolfgangganggangerl » le diablotin, Constance et son éclat érotique... bref, les autres. Lui, scatologue infantile, punk excentrique, ivrogne et cafteur, assassiné, toujours ; lui, travailleur acharné et foudroyant, jamais. Sa musique, depuis l'apparition du parlant, est pillée, plagiée, copiée, détournée – la liste est interminable –, ou arrangée : *alla turca*, jazzy, musette, rock, vidéoclipoteries.) « Il semble, écrit Wolfgang Hildesheimer, auteur de la plus perspicace biographie du compositeur, que la *Gestalt* physique de Mozart se soit volontairement dérobée à toute représentation... » Un seul portrait, pourtant, le plus grand et le plus poétique, subsiste qui ne ressemble à aucun autre : celui, inachevé, idéalisé, peut-être irraisonné, peint par Joseph Lange, acteur, peintre, et beau-frère de Mozart (*Mozart au piano-forte**). Il ne se serait pas permis de maquiller le réel. Réalisé aux approches de la mort, ce portrait laisse errer le fantôme intérieur ; la sobriété des traits, le regard éperdu d'angoisse trahissent une infaillible profondeur de pensée, qu'intensifient encore la facture parcellaire de la toile et ses fragments cassés, surgis de l'opaque. Enfin, le dernier portrait authentifié de Mozart, tête lasse, absente et sans éternités, le sourire pour les seuls yeux, indélicat, est pourléché par le peintre allemand Johann Georg Edlinger en 1790 (*Wolfgang Amadeus Mozart**).

Mozart est donc *invisible.* Un moyen de le percer à jour, et de l'apprécier, serait d'écouter sa musique. Mais cette musique, que nous pensons toujours comprendre, au fur et à mesure qu'on la pénètre, nous échappe. Image et son s'effondrent.

IX

Esthétiques singulières

ENTRELACS

Les images mobiles et les flux fixés qui font en soi une vacillation d'un mode de perception à un autre apparaissent, dès les premières décennies du XXᵉ siècle, en une giboulée d'esthétiques – aux durées de vie de plus en plus brèves. Les artistes veulent désormais transformer les synesthésies en un véritable outil, assumer dans tous ses envahissements le passage de l'idée de résonance des sens à celle de visions sonores, voire d'art « inobjectif ». Ce qui allait aboutir, le plus souvent et presque inévitablement, aux sens décousus, démultipliés et avachis de l'homme du XXIᵉ siècle, tout entier à sa bâfrerie du jouir facile et menacé par l'enfermement pervers dû à l'extraordinaire insignifiance des « défonces sonores » et à l'omniprésence d'images sottes et mercantiles. Aujourd'hui les yeux rongent des oreilles assourdies.

Dès 1907, au moment où Picasso peint *Les Demoiselles d'Avignon*, les créateurs se dégagent du passé. C'est alors l'éclatement de l'espace pictural, la dissolution de l'objet, la débâcle des leitmotivs, la déchirure des ombres, l'émancipation des couleurs et des formes. Tous ces débridements se manifestent – parallèlement au pathos spirituel de l'ère des révolutions (Kandinsky, Mondrian, Malevitch) – dans le Blauer Reiter, le cubisme, l'orphisme ou le synchromisme, le vorticisme et le suprématisme, ou le Bauhaus. Et rien n'est plus éloquent que le nom du mouvement créé en 1905 à Dresde, Die Brücke, le pont, métaphore du passage entre l'ancien et le « moderne ». De surcroît, pour Karl Schmidt-Rottluff, l'un des fondateurs de ce mouvement, une allusion à ce que Nietzsche écrit dans *Ainsi parla Zarathoustra* : « Ce qui est grand dans l'homme, c'est qu'il est un pont et non une fin : ce qui peut être aimé en l'homme c'est qu'il est un passage et un déclin. » Nous ajoutons cet intertitre de *Nosferatu le vampire*, ce film muet de Murnau, une phrase qui nihilise tout faux monnayage, une phrase qui change tout : « Une fois qu'il eut passé le pont, les fantômes vinrent à sa rencontre. »

Et ce n'est pas un hasard si jamais alors les innombrables programmes, éditoriaux, tracts et manifestes avant-gardistes – exaltant volontiers le nouveau dans la réitération ! – ne regorgèrent autant de notions de simultanéité, de temps, de vitesse ; ou de termes musicaux comme dissonance, fugue, variation, polyphonie, syncope : l'espace du tableau doit être perçu comme un espace sonore.

La symorphie de Kupka

František Kupka, l'un des précurseurs les plus aigus de la peinture abstraite, est marqué par le fabuleux essor de l'optique physiologique à la fin du XIXe siècle (Hermann von Helmholtz, Auguste Laugel...), par le monisme des sensations et de leurs connexions d'Ernst Mach, comme par les images en série de Marey et de Muybridge. Comprenant l'importance de ces nouvelles conceptions de la perception visuelle, Kupka s'attache à introduire le rythme dans les couleurs ; des couleurs, dit-il, « qui doivent toutes appartenir soit à la gamme majeure soit à la gamme mineure », sans l'esclavage du descriptif. Pour ajouter, voulant rivaliser avec la musique : « Je crois être sur le point de découvrir quelque chose à mi-chemin de la vue et de l'ouïe et je crois pouvoir produire une fugue en couleurs, comme Bach l'a fait en musique. » Ainsi le soin apporté à la forme dans *Étude pour Amorpha, fugue à deux couleurs et pour Amorpha, chromatique* *chaude**[1], toile au titre lapsus, lequel tempère, en quelque sorte, sa référence à la forme. Celle, abstraite, des fugues de Bach lui avait été révélée par son ami le compositeur, pianiste et transcripteur d'œuvres du Cantor, Walter Morse Rummel, ce qui contribua à déplacer ses repères de la figuration à l'abstraction. Kupka ira jusqu'à regretter d'avoir donné un titre « concret » à ce tableau. Autre source d'interprétation de ce titre : le terme « amorphe », qui permit alors de vitupérer, ou de parodier la peinture d'avant-garde : en 1913, Francis Picabia et Alfred Stieglitz publient un *Manifeste de l'école amorphiste*, illustré par deux exemples de l'« œuvre géniale » du peintre Popaul Picador, *Femme au bain* et *La mer*, en fait deux rectangles vides. Car il s'agissait d'exclure de l'art ces « cadavres gênants que sont les objets ». En fait, ce goût pour la rigueur de la fugue, celle de la note qui requiert la note, le tout procédant d'une réaction fougueuse au culte de Wagner, incarnait d'abord l'image idéale d'un art absolu. Cette aspiration conduira inéluctablement aux transpositions sérielles du système polyphonique de la fugue.

Vers 1910 Kupka écrit, imaginant des moments cinétiques : « Si j'utilise une forme de différentes dimensions et que je l'organise selon différents points de vue rythmiques, j'obtiendrai une "symorphie" qui se déploiera dans l'espace comme une symphonie dans le temps. » Un peu plus tard, dans son texte, rédigé en français, le plus important et le plus connu, et fondamental au même titre que *Du spirituel dans l'art* de Kandinsky pour la compréhension de la peinture abstraite, et de sa lente gestation, *La création dans les arts plastiques*, Kupka précise l'entremêlement souvent affectif, proustien quasi, du voir et de l'entendre, ajoutant une dimension nouvelle à notre perception : « Il arrive ainsi que je ne peux m'empêcher de ressentir aujourd'hui comme bleutée une note qui, il y a quelques années, évoquait dans

1. Bien avant Marcel Duchamp et les futuristes italiens, Kupka tâche, à partir d'un thème musical, de traduire le mouvement et la lumière par l'interférence de courbes et d'ellipses dynamiques, traitées par aplats rouge, bleu et noir sur fond blanc.

mon esprit une délicate nuance orangée. Fouillant dans mes souvenirs, je me rends compte enfin que ce que je vois est la teinte complémentaire… de la robe que portait la pianiste à un concert auquel j'ai assisté entre-temps. Ainsi vont les rebondissements psychiques qui accompagnent le processus photochimique de la rétine. »

Utopie suprême de l'abstraction ?

Parallèlement à cette interaction des couleurs et des sons, Kupka constate l'incoercible cohérence de la musique, qu'il relie à l'élaboration picturale : « La plupart des vrais peintres mettaient à la clef de leurs œuvres un dièse ou un bémol auquel tout était subordonné. […] Les uns affectionnent des harmonies de tons assourdis au possible, abhorrent les couleurs franches. On dirait leurs tableaux nés chez les marchands de drap anglais. D'autres ont horreur de tout ce qui est couleur de poussière, de crasse, de moisi ou de fumée. Ils n'aiment pas le chuchotement, mais le plein chant des voix sonores, les couleurs jeunes et fraîches. C'est chez eux un besoin de se baigner dans la lumière, de ne faire qu'un avec le soleil. » Les correspondances musicales de ces deux types de créations seraient d'un côté les tapisseries sonores décervelantes des musiques minimalistes ou la ratatouille néotonale, entassement tartufe de tout ce qui peut être reconnaissable ; de l'autre, ces mèches de bombe que sont, encore et toujours, *Le sacre du printemps* de Stravinsky ou *Giant Steps* de John Coltrane.

Mais la ligne est aussi l'un des facteurs fondamentaux de l'élaboration des formes ; Kupka dit pouvoir presque la « comparer à la baguette du chef d'orchestre, dirigeant la matérialité des étendues ». La droite, « telle une corde tendue, élégante, énergique, surnaturelle, évoque le monde abstrait. Elle est absolue, abîmée dans sa propre immobilité ». Et c'est la ligne courbe, « allusion visuelle au successif », que « l'œil suit comme des serpents en mouvement », et l'ellipse dynamique qui caractérisent le mieux la dimension du temps ; comme dans *Étude pour Disques de Newton. Étude pour fugue* *à deux couleurs**[1] : le regard s'attarde, mobile sur la toile, pendant que l'œil répète le parcours dessiné par les courbes. L'espace d'un tableau est d'autant plus mobile que son rythme est marqué. Kupka ira plus loin : dans un chapitre de sa *Création dans les arts plastiques*, « Énoncé, réalisation », il annonce l'épiphanie d'une nouvelle forme d'art, non seulement abstrait, mais « sans aucune médiation matérielle » – la « X-graphie de l'avenir » –, dont le support ne serait que les « ondes magnétiques ». Grâce à cette communication plus directe, le spectateur pourrait alors découvrir « les événements les plus subtils, actuellement invisibles ou mal éclaircis, tant du monde extérieur que de l'âme de l'artiste ». Est-ce là l'utopie suprême de l'abstraction : communiquer directement les émotions, rompant les retenues, les chaînes des conventions brisées, dans la magie de la vibration pure ?

Ce que voit l'aveugle qui entend

Les anneaux concentriques de Kupka, artificieux et sans sujet, provoquent surprise et profond scandale, pensez donc, jeter le motif figuré aux orties après des millénaires de figurations de la nature, des êtres et des choses ! On jette le doute (pense Paulhan dans *La peinture cubiste*) sur les objets mêmes qui nous sont donnés. Démoli, pour la plupart, cet attrait essentiel de l'art consistant en la reconnaissance de

1. Ici, c'est la ligne courbe aboutissant à des disques colorés en mouvement de rotation qui se sollicitent, se répondent l'un à l'autre, leurs mêlements, leurs ruptures et coupures, qui caractérise le mieux la dimension du temps, rythme, danse ou cadence. Se fondant sur les lois chromatiques développées par Eugène Chevreul et Ogden Rood, Kupka classe les couleurs des disques en fonction de leur vitesse de vibration, croissante du centre (rouge) vers la périphérie (bleu). Kupka s'explique : « Dans le spectre, les sommets de luminosité se situent dans la gamme des jaunes, les abysses, d'un côté, dans le rouge extrême, de l'autre dans les tons violets et bleus. C'est fort bien ainsi. Nous aurions du mal à nous imaginer un éclat violet, pourpre ou bleu outremer, autant qu'à concevoir une ombre jaune. » Cette toile précède de quelques mois le *Disque* de Robert Delaunay ou *Udnie* (hommage à peine crypté à Jean d'Udine, théoricien des synesthésies) de Francis Picabia, autres œuvres orphiques.

quelque chose que les hommes croyaient comprendre ! On peut désormais discréditer quelque chose où rien n'est à comprendre. Kupka, qui dit peindre, certes, « mais seulement des conceptions ou, si l'on veut, des synthèses, des accords et ainsi de suite », comme il l'écrit en 1905 à son ami l'écrivain tchèque Svatopluk Machar, refuse qu'on le rattache au mouvement qui apparaît sous le nom de cubisme, à l'orphisme aussi bien, que définit Apollinaire ; pour défendre, taciturne, sa position de précurseur, intempestif et antiréaliste. C'est en écoutant et en interprétant Bach qu'il pensa pouvoir agencer formes et couleurs sans se référer à la nature ; qu'il se demanda pourquoi le peintre vivait en pur voleur et parasite, tandis que le musicien pouvait composer indemne de l'exigeante nature ; pourquoi les arts plastiques seraient l'expression d'impressions, pendant que la musique exprimerait des conceptions. Il se souvint de Beethoven voyant la musique comme une pensée sonore, fut convaincu que ce propos pouvait s'appliquer à la peinture ; avec des moyens picturaux, il décida donc d'éveiller les mêmes sensations que celles éprouvées à l'écoute de la musique. Après les farandoles de tourbillons bourdonnants qui s'enroulent, se déroulent ou dévorent leurs contours (*Bouillonnement violet**), et sa méthode de la « dissection de repoussoirs », à savoir l'organisation géométrique de plans sur fond nuancé, devançant ainsi Malevitch et Mondrian, Kupka, comme Fernand Léger, s'intéresse au machinisme, ses roues, rouages, bielles et engrenages méticuleux ; également aux rythmes du jazz (*Kupka meets Krupa !*), lors de ses études pour la série *Jazz-Hot*, dans ses peintures *Jazz-Hot 1* et *2*, enfin dans la grande roue de sa *Musique**[1], toile que l'on a souvent comparée à *Pacific 231* d'Arthur Honegger, composée une dizaine d'années auparavant et que Kupka avait entendue. Malgré que Honegger « a toujours passionnément

1. Chaque roue, rouage ou engrenage correspond à un élément spécifique, au même titre que n'importe quel élément de la structure complexe et articulée qu'est une composition musicale avec ses notes diésées, ses tierces, ses quartes, ses fortissimo, pourrait-on dire.

aimé les locomotives », ce chef-d'œuvre de musique pure porte bien son sous-titre de « mouvement symphonique » ; il ne se réfère en rien aux compositions « bruitistes », naïvement naturalistes, des futuristes italiens, quand même existe bien un côté illustratif, figuratif. Plus tard seulement, Honegger, désespéré par les commentaires anecdotiques que déclencha cette œuvre (un critique le loua d'avoir « puissamment exprimé la mer »...), souligna sa qualité de musique pure, non d'art de description : « L'expression musicale d'un fait, précise le compositeur, c'est ce que voit l'aveugle qui entend, c'est ce qu'entend le sourd qui voit. C'est l'expression dans la forme musicale de la valeur spirituelle du sujet et non de ses éléments matériels. »

Le jazz, symbole du progrès, de la décadence, de l'oppression, et son rythme, trouvant un équivalent dans celui des machines, provoquent, remarque Darius Milhaud, « un choc subit » et « un éveil soudain » ; le jazz, « cet ouragan ordonné fit [...] tant de bien à la musique en 1920, lorsqu'il acheva de balayer les dernières fumées du feu d'artifice impressionniste ». Milhaud encore : « Une faute de rythme ou de mesure est tellement plus grave qu'une fausse note. » Ou de l'utilité du jazz ! En fait, ce phénomène musical déclenche des résonances en d'autres domaines de l'art. Le poète, dramaturge et critique dadaïste allemand Walter Mehring compose ainsi des poèmes et chansons de cabaret syncopés et satiriques, transpositions littéraires, parfois, des dessins de son ami George Grosz, bon joueur de banjo et « toujours enceint de ragtime », qui le portraiture en 1926 (*Portrait de Walter Mehring**), et le décrit ainsi dans son autobiographie : « [Mehring] était un bon croisement : un François Villon de la Spree, agrémenté d'un doigt de Heinrich Heine – "Weiße mit Schuss" [bière blanche avec un doigt de jus de framboise ou d'aspérule], comme diraient les Berlinois. » Ou aussi Philippe Soupault (*Ragtime*), Jack Kerouac (*Mexico City Blues*). Parmi les musiciens, la liste est longue, et lourde de paraphrases et de monnaies fourrées ; citons Stravinsky, Satie et Hindemith, Alban Berg et Ernst Krenek, Kurt Weill, George Gershwin...

Orphisme et simultanéisme

Cet « art pur », et inobjectif, Guillaume Apollinaire le baptise en mars 1913 *orphisme* – néologisme forgé sur l'incitation, dit-on, d'une jeune musicienne d'avant-garde, ancienne élève de Busoni à Berlin, Gabrielle Buffet, la première femme de Picabia ; ou alors, selon une autre anecdote, il est utilisé pour la première fois par Apollinaire au Salon d'Automne 1912 en référence à l'*Étude pour Amorpha.* Ce mouvement lyrique regroupait un nombre variable d'artistes fort différents, précise Apollinaire : Robert Delaunay (qui n'apprécia pas l'étiquette), Duchamp, et, « instinctivement », d'importants peintres allemands modernes : Kandinsky, Marc, Meidner... S'appliquant d'abord, semble-t-il, à tout ce qui était neuf, ce courant « jaillit de Matisse et du mouvement des "fauves", en particulier de leurs tendances lumineuses et antiacadémiques ». Les futuristes italiens appartiennent aussi à cet orphisme, puisqu'ils évacuent « toutes les conventions perspectivistes ou psychologiques ». Ces deux tendances sont de l'art pur en ce qu'elles « s'élèvent au sublime sans s'appuyer sur aucune convention artistique, littéraire ou scientifique. Nous sommes ivres d'enthousiasme. Nous nous élevons ici vers le lyrisme plastique » (Apollinaire).

Dès 1908, Henri-Martin Barzun, membre, avec Albert Gleizes, Alexandre Mercereau (auquel se joignent des précurseurs du futurisme français, telle Valentine de Saint-Point, auteur du *Manifeste de la femme futuriste* et du *Manifeste futuriste de la luxure*), ou Charles Vildrac, cofondateur du groupe de l'Abbaye de Créteil, « nouvelle Thélème » de la musique, de la peinture et de la poésie, que fréquentent Picabia, Duchamp, Metzinger, Jouve, Varèse (une « stupide aventure », écrit-il à Jolivet en 1934), Barzun, donc, qui reproche à Apollinaire de lui avoir volé le mot orphisme, rédige une *Orphéide*, laquelle devint le *Manifeste sur la simultanéité poétique.* Celui-ci paraît le 27 juin 1913, cinq mois avant la « première » tentative de simultanéité écrite, due à Sonia Delaunay et à son ami suisse Blaise Cendrars : un livre-tableau, qui se présente sous la forme d'une feuille de deux mètres de haut, pliée en accordéon, un « texte peinture simultané » (S. Delaunay), conçu pour être vu, lu (de haut en bas) et entendu en même temps : *La prose du Transsibérien et de la petite Jehanne de France.*

« Des contrastes de couleurs, précise Apollinaire, habituaient l'œil à lire d'un seul regard l'ensemble d'un poème, comme un chef d'orchestre lit d'un seul coup les notes superposées dans la partition. » Cette polémique, héroïque, byzantine et excessive prit fin quand fut établie la différence entre le simultanéisme de Barzun, relevant de la « psychologie des profondeurs », et celle, purement formelle, fondée sur la dynamique des contrastes de la couleur, due aux époux Delaunay.

Quand les contraires dissonent

Robert Delaunay fut l'un des premiers, après Cézanne, après Seurat – le *Farbenmusiker* par excellence selon August Macke –, qui réfléchit aux relations entre la lumière (sa fragmentation) et la couleur (sa décomposition) ; entre le cheminement musical et la perception simultanée. Ses réflexions le conduisirent au concept de simultanéité, qui influa sur les artistes américains du synchromisme (voir *infra*), allemands, du Blauer Reiter : Kandinsky (*Improvisation XIV**[1]) ; Jawlensky, dont les *Variations* (*Variation**[2]) intéressèrent

1. Dans cette Improvisation, cheminant vers la forme libre et se détournant de la réalité, l'agencement dynamique des formes colorées, cernées de noir, fait écho au bleu, couleur céleste et apaisante : « Je dissolvais [...] plus ou moins les objets dans le tableau, afin qu'ils ne puissent pas être tous reconnus d'un coup, et que, par conséquent, le spectateur puisse éprouver peu à peu, l'une après l'autre, ces résonances spirituelles concomitantes », explique le peintre.

2. Le principe sériel des modulations d'inventions formelles et chromatiques que sont les *Variations,* dernière étape avant l'abstraction, remet en question la notion d'œuvre se suffisant à elle-même, en même temps qu'il introduit une nouvelle dimension temporelle dans la peinture. Mais sans qu'on en puisse percevoir aucun déroulement, aucune succession dans le sens chronologique du mot, car chacune de ces *Variations* correspond à un état d'âme de l'artiste. À du temps fixé.

Franz Marc (*Kämpfende Formen**[1], « Formes combattantes »), ainsi que le note Klee dans son Journal : « J'avais chez moi quelques *Variations* de Jawlensky et j'étais presque anxieux de les lui montrer. [...] Pendant que nous jouions du Bach, les *Variations* de J. étaient étalées à ses pieds. C'était là tout à fait dans sa manière de contempler des tableaux en écoutant de la musique. » Apollinaire décrit ainsi cette nouvelle tendance qu'est la simultanéité : « Rien de successif dans cette peinture où ne vibre plus seulement le contraste des complémentaires découvert par Seurat, mais où chaque ton appelle et laisse s'illuminer toutes les autres couleurs du prisme. C'est la simultanéité. Peinture suggestive et pas seulement objective qui agit sur nous à la façon de la nature et de la poésie ! La lumière est ici toute sa vérité. » Et aussi, accordant deux notions qui paraissaient jusqu'alors inconciliables : l'Orphisme, « peinture pure, *simultanéité* », la peinture pure étant, selon Apollinaire, le propre du cubisme, immobile, pendant que la simultanéité voisinait le futurisme, trépidant. Le cubisme, c'est la décomposition de surfaces angulaires, le simultanéisme, l'exploration de circonférences, de roues, de demi-cercles ; le temps arrêté d'une part, l'ensemble du temps de l'autre. Évoquant plus tard dans ses *Carnets* ce moment de sa vie (1912-1913), Robert Delaunay écrit : « J'ai eu l'idée d'une peinture qui, techniquement, se fonderait

1. Franz Marc, après un concert, en janvier 1911, où il entendit le *Quatuor à cordes n° 2* et les *Trois pièces pour piano* de Schoenberg, écrivait à August Macke : « Peux-tu imaginer une musique dans laquelle la tonalité (et aussi le respect de n'importe quel ton) se trouve totalement abolie ? [...] Schoenberg part du principe que les concepts de consonance et de dissonance n'existent pas. Ce qu'on appelle une dissonance n'est qu'une consonance plus éloignée. [...] Schoenberg semble convaincu de l'irrésistible dissolution des règles européennes de l'art et de l'harmonie. » Dans cette toile, les contraires s'attaquent et dissonent pour ne s'apaiser jamais : à gauche, des couleurs contrastées rouges et claires, on dirait des serres et un bec de rapace, pointues et grinçantes, fondent sur la silhouette pelotonnée, à droite, où dominent, harmonieux et agrégés, le bleu et le noir, et qui ne peut se dérober. Pour le regardeur-auditeur canonique, l'impression est qu'on lui arrache de la tête la figuration, à laquelle renonce le peintre, et la tonalité, que le compositeur fait tituber.

sur les contrastes de la couleur, mais qui se déroulerait aussi dans le temps et pourrait être perçue d'un seul coup d'œil. J'employais alors le terme scientifique de Chevreul : les contrastes simultanés. Je jouais avec les couleurs de la façon que nous pourrions nous exprimer en musique grâce à la fugue de phrases colorées auditives. » La musique constitue pour Delaunay un critère de comparaison : il la considère comme une muse supérieure et fonde sa théorie sur une supériorité présumée de la musique par rapport à la peinture ; quand même devant les interpénétrations rythmées de ses *Disques simultanés*, qui brusquent le mouvement rotatif et le déplacement de l'œil à la surface bigarrée de la toile, le contemplateur, souligne Gérard Denizeau, perçoit le rapport de deux couleurs « en termes de simultanéité "harmonique" ou en termes de juxtaposition "mélodique" ».

Ces fenêtres au soleil

C'est l'emmêlement contrasté de ces deux principes qui offre le plus d'interprétations, de paroxysmes au spectateur ; ce n'est pas le rapport de couleurs isolées avec des sons isolés, mais des complexes de couleurs, correspondant à des accords, dans des toiles qui tombent sous les sens. Ce processus enthousiasma maints compositeurs, dont Messiaen : « La musique est un perpétuel dialogue entre l'espace et le temps, entre le son et la couleur, dialogue qui aboutit à une unification : le Temps est un espace, le son est une couleur, l'espace est un complexe de temps superposés, les complexes de sons existent simultanément comme complexes de couleurs. » Bruissements et éblouissements révèlent la couleur qui sert à manifester les découpages du temps, la « couleur du temps », la chronochromie. « Un moment de *Chronochromie*, écrit André Boucourechliev, est comme une calligraphie de Tobey, réseau ouvert de signes innombrables à multiples directions, où l'on trace ses propres chemins. »

Par ailleurs, ces disques, que l'œil peut parcourir, passant d'une tonalité à une autre, le passé et le futur vus simultanément dans l'ensemble du temps, évoquent une autre impossibilité temporelle, cette découverte singulière, et sa « préférée », du même Messiaen : les rythmes non rétrogradables, c'est-à-dire symétriques par rapport à leur centre ; le rythme, dans quelque sens qu'on le lise, de gauche à droite ou de droite à gauche, reste identique à lui-même. Un rythme en circuit fermé ; un rythme palindromique, en quelque sorte, comme double croche noire double croche. « C'est comme si, éclaire le compositeur, parcourant un paysage à partir de deux itinéraires opposés, vous rencontriez les mêmes objets aux mêmes moments, dans la même position et avec le même numéro d'ordre. » Mais autant, chez Messiaen, passé le temps du frisson nouveau, se révèle l'aspect éminemment statique de ces enchaînements, autant, chez Delaunay, les rythmes des couleurs sonores entraînent le regard dans la durée et l'intensité de leur tournoiement.

Delaunay concrétisa la fusion de la lumière et de la couleur, de la simultanéité et du rythme, du temps et du mouvement dans sa série, ouverte sur une nouvelle réalité, des *Fenêtres* (suite de vingt peintures réalisées entre avril et décembre 1912), où les couleurs trouvent leur expression la plus limpide, où confluaient la pureté et la musicalité de la peinture. Et voici le soleil, essence même de la peinture pour le peintre, voici la puissance d'expression de couleurs franches (bleu, rouge, violet, jaune, etc.) et de lumière dans le disque chromatique, dynamique et légèrement décentré des *Formes circulaires, Soleil n° 2**[1] : « Si l'Art s'apparente à *l'Objet*, dit Delaunay, il devient *descriptif, divisionniste, littéraire*. Il se rabaisse vers des *moyens d'expression* imparfaits, il se condamne lui-même, il est sa propre négation, *il ne se dégage pas de l'Art d'imitation.* » Ce cycle, vibrant de rythme, est aussi résolument neuf que les toiles contemporaines de Kandinsky. Mais si l'esthétique de Kandinsky est celle de l'« effusion codée » (Philippe Dagen), et si l'émotion naît

1. Le pétillement des couleurs et le rythme que celles-ci marquent grâce à leurs seules modulations et à leurs diverses valeurs spatiales fondent l'émotion, le lyrisme et l'absurdité de cette toile astrale, entièrement abstraite.

de l'imagination, au rebours, chez Delaunay, l'émotion naît de la perception et de l'exaltation des couleurs. Les deux démarches se rejoignent dans l'acousmatique *Son Vitesse-Lumière*, par exemple, cette haute œuvre du compositeur François Bayle, odyssée d'un « être lumineux » qui peut explorer les « harmonies morphologiques qui habitent nos âmes ». Il précise ainsi, par exemple, que deux « formes » occupent l'espace d'écoute de la quatrième pièce, « Le sommeil d'Euclide » : « L'une est modifiée de façon radicale, et en deçà du seuil de perception, créant un espace d'illusion, un effet d'irréel. L'autre est agitée avec rudesse et sur des fragments appréciables afin que l'oreille puisse suivre et reconnaître les degrés d'ordre et de désordre volontairement introduits. » Cette pièce, qui dessine des « orbes », des « marches spirales » en glissements, constitue, selon le compositeur, « une métaphore des rêves "non-euclidiens". Le célèbre Grec n'a certainement pas manqué d'y être happé, dans le monde inverse de ses songes ».

Les couleurs rythmes du synchromisme

Nouvelle recherche de fusion entre la peinture et la musique, le synchromisme. Littéralement « avec des couleurs », ou contraction de « symphonie » et de « chromatisme », le nom de ce courant, né en 1913, est dû à l'Américain Morgan Russell. Autodidacte en musique, au goût assez conservateur (Palestrina, Beethoven, César Franck), mais séide de Debussy, il composa, dans les années 1940, une Messe et des pièces pour voix d'après des textes latins. En 1911, il rencontrait à Paris son compatriote Stanton Macdonald-Wright. Ces deux élèves de l'artiste canadien Ernest Percyval Tudor-Hart, qui avait introduit des correspondances entre hauteur de ton et luminosité, timbre et teinte, intensité et saturation, deviennent les synchromistes les plus convaincants, en même temps que des bâtisseurs de l'art abstrait. Ils se posent, quand même ils récusent violemment les influences de l'orphisme, celles de Kupka et

Delaunay aussi bien, dont ils sont pourtant largement tributaires, en pionniers de l'avant-garde transatlantique : « Un art peut naître qui dépasserait en puissance émotionnelle la peinture contemporaine comme l'orchestre moderne distance le vieux solo de clavecin. Précurseurs, nous aurons apporté à de vagues besoins quelque chose de tangible et de concret et montré dans quelle direction doivent s'orienter les efforts. »

Au rebours des futuristes, qui estimaient que la couleur avait à procurer une sensation pugnace, voire une « insomnie fiévreuse », les synchromistes veulent donner l'illusion, par l'utilisation de « couleurs rythmes » et l'ingénieuse création d'une vitesse optique, grâce aussi à l'opposition de masses compactes de tons en progression logique, que le tableau « se développe comme une musique », rebondit sur un rythme ; ainsi dans *Sketch for 'Synchromie en bleu-violace'* (« Esquisse pour *Synchromie en bleu-violacé* »)* de Morgan Russell. La couleur demeure essentielle : « Pour résoudre le problème d'une construction nouvelle du tableau, écrit Russell à l'occasion d'une exposition commune [due à Félix Fénéon] en un bastion de l'anticubisme, la galerie Bernheim-Jeune de Paris en octobre-novembre 1913, nous avons considéré la lumière comme des ondulations chromatiques conjuguées et nous avons soumis à une étude plus serrée les rapports harmoniques entre couleurs. Ces "couleurs rythmes" incorporent, en quelque sorte, à la peinture la notion de temps : elles donnent l'illusion que le tableau se développe, comme une musique, dans la durée, alors que l'ancienne peinture s'étalait strictement dans l'espace et que, d'un regard, le spectateur en embrassait simultanément tous les termes. » Le flux et le fixe ! L'éclat et le mouvant ! Du temps, en outre, voire d'un tempo, la perception peut être morcelée ; le regard erre sur le tableau, ne sait où se diriger ; ce que traduisent, dans *La prophétie (Suite-sommeil 2)** de Macdonald-Wright, les alternances ou les enchaînements, en une palette assez sourde, de couleurs chaudes et de couleurs froides, leur rythme savamment brisé.

Pour braver l'ankylose de la toile, dès 1912 Morgan Russell avait imaginé une machine – qu'il ne put réaliser faute de moyens financiers et de conseils techniques – où fusionnent musique et jeux de lumière colorée en mouvement, la *Kinetic Light Machine* ou *Light Organ.* Durant l'hiver 1924, il écrit à son ami Stanton : « Créer une pure succession abstraite de formes faites de couleur, qui se meuvent dans un tempo donné avec le son, comme les êtres d'un monde plus plastique, dansant. Dans tous les cas, je crois qu'il doit y avoir, pour en gouverner le développement, les mêmes lois que celles qui existent aujourd'hui dans la peinture et la musique, etc., pour ce qui est du climax, des accélérations, des retards, etc. [...] » Une semblable finalité, se dégager du figé, conduit Macdonald-Wright à concevoir, en 1960-1969, une machine lumineuse à partir du procédé cinématographique, le *Synchrome Kineidoscope (Color-Light Machine).* Quelque 5 000 photographies se déroulent sur un film ; le mouvement provoqué pas la succession d'images abstraites permet d'associer lignes, formes et couleurs : peinture et film s'unissent dans une même évolution rythmique. Dès mars 1925, Morgan Russell écrivait à Stanton : « Penses-tu qu'il soit possible de suivre les thèmes d'une composition musicale de façon abstraite, par la forme, la ligne et la couleur ? [...] Je ne parle pas d'une imitation directe du thème – d'une réplique mathématique –, mais d'un entrelacement libre de mouvements linéaires fait de couleur, jusqu'à ce que l'*écran* tout entier devienne, pour ainsi dire, une masse translucide de couleurs composées et équilibrées, évoluant toujours vers un certain climax, exactement comme se meut la composition musicale. [...] Lors d'un passage *fortissimo*, que ces couleurs aient l'air de presque bondir sur l'auditoire ; dans de tels moments, qu'elles soient synchronisées avec la musique, et je pense qu'on obtiendra une réaction incontestable. » Quand même le mouvement synchromiste s'épuise avec la Première Guerre mondiale, il stimulera d'autres artistes américains tels Andrew Dasburg, Albert Henry Krehbiel et Thomas Hart Benton. Celui-ci, enseignant à New York, éveille Jackson Pollock à la peinture, lui transmet le mode d'organisation contrapuntique de la surface de la toile et la mise en place de rythmes visuels, où l'œil s'égare en des explorations sans fin, insaisissantes.

L'âme immortelle et la table de nuit

D'autres Américains s'essaient à découvrir des analogies entre spatialité et temporalité. Ainsi Max Weber, l'un des premiers Américains à tisser des liens entre abstraction et musique. Son pastel aux virevoltantes formes brunes, bleues, vertes et jaunes, intitulé *Music,* réalisé à New York sans doute en 1912, est la première œuvre non figurative peinte par un Américain. Il s'ouvre aux courants les plus novateurs quand il travaille à Paris à l'académie Julian, et avec Matisse, dont il connaît les écrits, quand il fréquente cubistes et futuristes, pour trouver un accomplissement plus personnel en visitant, probablement en mars 1914 aux Carroll Galleries de New York, une exposition consacrée aux synchromistes ; conjointement avec Russell et Macdonald-Wright, il fait le rapprochement entre le ton et le son : dans *Intérieur avec musique**, Weber pose des surfaces de couleurs transparentes pour nous faire percevoir la structure rythmique et dynamique des sons.

Ou la peintre Georgia O'Keeffe, qui découvre Kandinsky grâce à ses maîtres Arthur Wesley Dow et Alon Bement, ainsi que Macdonald-Wright lors d'une exposition collective organisée par son futur mari Alfred Stieglitz, en mars 1917. Elle s'intéresse aux peintures abstraites, synesthésiques et à celles, influencées par le « jazz », d'Arthur Dove (*George Gershwin – « Rhapsodie in Blue »*, 1927) ; tout comme aux couleurs « émotionnelles » des images vaginales. Dans *Red, Yellow and Black Streak* (« Stries rouge, jaune et noire »)*, le lyrisme flamboyant de coulées de couleurs est aussi sexuellement ambigu que leurs formes, abstraites et épurées, évoquant les endroits charnus, souples et informulés de l'anatomie humaine. Cette équivoque se répercute aujourd'hui dans certaines peintures d'Oda Jaune, figurant, par une touche mystérieuse et pourtant naturelle, les parties intimes du corps féminin (*Wonderful*, 2010). Considérant la musique comme

« un pays étranger », elle cherche toutefois, harcelant ses hésitations entre l'Indécis et le Précis, à narguer cet « océan de moments fixes », mobilité et illusion, un paradoxe impartial.

Ou encore Joseph Stella qui, après avoir rencontré les artistes futuristes en 1909 au cours d'un voyage en Italie, puis à Paris lors de l'exposition de la galerie Bernheim-Jeune en février 1912, change radicalement de style : lequel, de brillant et réaliste, devient lyrique et abstrait. Très ami de Varèse, qu'il fréquente dès 1916, il le portraiture à la pointe sèche (1921) et espérera, vainement, une complicité d'écriture. À peine un ou deux ans plus tôt, il avait réalisé *Der Rosenkavalier** (« Le chevalier à la rose ») qui renvoie à l'opéra éponyme de Richard Strauss, créé à Dresde en 1911. Sur le tableau, un essaim de minces silhouettes radieuses, encore réalistes, disséminées dans le tumulte abstrait de taches colorées ; cet embrouillement évoque le baroque de l'œuvre du musicien, où est essentielle la coalescence d'une comédie et d'un drame. Stella jouxte aussi Francis Picabia, aux créations à visées synesthésiques : en 1918, il exécute un pastel, *Chant du rossignol* qui s'apparente fort à une aquarelle et gouache que Picabia conçoit entre 1914 et 1917, *La musique est comme la peinture**, suscitée par une illustration scientifique des effets d'un champ magnétique sur les particules alpha, bêta et gamma (1905). Traduction dadaïste narquoise : « Sur une table, sur une chaise, sur un guéridon, sur un lit, sur une plage, sur un toit, sur un fauteuil, sur les cabinets, l'âme immortelle fait de la peinture, de la littérature, de la musique, qui ressemblent à une table de nuit. » (« Notre-Dame-de-la-Peinture », 1920.)

Mais aussi Man Ray qui, dans *Autoportrait*, raconte ses tête-à-tête avec un ami de son âge brûlant de devenir musicien : « Nous eûmes de longues discussions sur les valeurs comparées de la musique et de la peinture. Il soutenait que son art était supérieur au mien, plus mathématique, plus logique, plus abstrait. J'estimais qu'il avait en partie raison. J'entendais faire un jour de la peinture abstraite. » Il s'y risquera, partie grâce à l'« enthousiasmant » Bach dont la rigueur l'« émeut », partie grâce à l'exposition de l'Armory

Show (1913), où il découvre, comme le public américain, l'art moderne européen, et des œuvres de ses futurs amis Duchamp *(Nu descendant un escalier n° 2...)* et Picabia *(La procession, Séville...)* : les silhouettes statiques, aiguës de *The Rope Dancer Accompanies Herself with Her Shadows** (« Danseuse de corde s'accompagnant de son ombre ») et les plans distordus, mouvants et bidimensionnels de *Symphony Orchestra**, ses instruments (le piano à queue bleu et son siège tournant), montrent le chemin parcouru.

Le Rumorharmonium futuriste

Au seuil du XXe siècle, la guerre, la révolution, les idéologies destructrices, l'apparition du monde industriel provoquent une apparente opposition et un âpre déchirement : d'un côté un sentiment écrasant d'aliénation ; des frayeurs d'apocalypse ; la dissonance entre la terre ancestrale d'où l'homme est sorti et le monde moderne, ses villes, ses machines, sa vie d'acier : nous sommes, sans alibi, au cœur de l'« ère du monstrueux créé par l'homme » (Peter Sloterdijk). De l'autre, l'exaltation de ce changement ; une frénésie de progrès, de vitesse, de simultanéité – principaux leitmotivs de la vie moderne (s'en est retranché l'homme d'une civilisation faillie, passant « à travers des forêts de symboles ») ; une fragmentation de temps, une diffusion d'espaces dans l'espace. Ces trois tropismes, progrès, vitesse et simultanéité, animent stylistiquement un nouveau mouvement littéraire, divers et discordant, le futurisme. Son théoricien, et animateur « à coups de poing et de gifles sonores », en est l'écrivain italien Filippo Tommaso Marinetti, né à Alexandrie de riches parents italiens, nourri de culture française et évoluant dans un milieu cosmopolite. Un autre écrivain, un moment lié au groupe, nous intéresse ici : Aldo Palazzeschi dont le roman futuriste, et l'un des sommets de la littérature italienne du XXe siècle, *Le code de Perelà*, inspira à Pascal Dusapin l'opéra *Perelà, l'homme de fumée*, en 2002. La création en 1993 de son opéra de chambre *To Be Sung*, un chef-d'œuvre, fruit d'une longue collaboration avec James Turrell, avait abouti à une mise en scène de pure et unique lumière : « J'avais envie, dit le compositeur, de quelque chose d'amniotique, de très sensible, qui place l'écoute dans un sentiment presque métaphysique de l'entendement, par la lumière, qui force à l'écoute par le mystère de l'œil. »

Le manifeste « fondateur » de ce mouvement fondamentalement italien, signé de Marinetti, est publié en français le 20 février 1909, en première page du quotidien parisien *Le Figaro*, l'un des journaux les plus influents d'Europe, et dans lequel se reconnaissent moins les avant-gardistes farouches et expérimentaux que les financiers et les politiciens ; ce qui démontre l'habileté et l'ambition de Marinetti. La hardiesse de ce courant, ses fanfaronnades et ses palinodies, tout en harmonie avec une négation irréductible d'un passé omniprésent et de son héritage, en firent le premier, et le plus agressif, des mouvements d'avant-garde du XXe siècle. Celui aussi qui se montra le plus ouvert aux changements ; et aux assimilations, idéologique, philosophique. (« Marinetti, note Gide dans son *Journal*, jouit d'une absence de talent qui lui permet toutes les audaces. »)

Les derniers amants de la lune

Ce manifeste initial contient déjà les thèmes et revendications essentiels que ressasseront les innumérables manifestes ultérieurs : le culte de la jeunesse et du futur ; le nietzschéisme, qui flambe et grince alors ; l'anticléricalisme ; la femme réduite au coït ; la révolte contre la stérilité des cultures passées (le *passatismo*), contre la nostalgie des symbolistes, « derniers amants de la lune », la tradition et les musées, ces cimetières qu'il faut « démolir » ; la glorification de la guerre comme esthétique en acte – quand « la mitrailleuse joue un air à triple-croches » (Apollinaire), « c'est la musique du grand carnage ! » (Céline) – et « seule hygiène du monde », qui le débarrasse de tout ce qui pue la mort et la pourriture (aspiration toujours comblée, comme le dénonce la création, cent ans plus tard, le 20 février 2009, de *Das*

Futuristische Manifest, une composition sonore de l'artiste multimédia allemand Thomas Köner) ; la célébration de cette nouvelle beauté qu'est la vitesse : « Une automobile de course avec son coffre orné de gros tuyaux tels des serpents à l'haleine explosive, [...] une automobile rugissante qui a l'air de courir sur de la mitraille, est plus belle que *La victoire de Samothrace* » (*Automobile in corsa*, « Dynamisme d'une automobile »*[1], de Russolo) ; la ferveur belliqueuse, sans laquelle il n'est pas de chef-d'œuvre : « Nous chanterons les grandes foules agitées par le travail, le plaisir ou la révolte ; les ressacs multicolores et polyphoniques des révolutions dans les capitales modernes. » (Pour les futuristes russes, influencés, du point de vue formel, par les Italiens, une chaussure américaine était plus belle que tous les tableaux de Raphaël. Les gratte-ciel, les fulgurations de foules urbaines, les villes tentaculaires participèrent à la félicité futuriste russe.)

À l'immobilité et à l'hermétisme du cubisme « parisien », justement qualifié d'académique (il ignore totalement la modernité, rejette l'impressionnisme, est une forme de rénovation du vocabulaire classique), le futurisme « italien » oppose des œuvres dynamiques (coloris renforcés, jeu sur les formes prismatiques, les courbes ellipsoïdales, suppression de l'angle droit pour l'angle aigu, pureté des lignes horizontales et verticales...), évoluant dans le temps, exprimant la totalité des sensations que procure la fantastique polyphonie de la ville en vibration (*La città che sale**[2], « La ville qui monte », de Boccioni), le brouhaha de la vie portuaire (*Le*

1. L'automobile, ses couleurs agressives, symbole du mouvement, de l'énergie vitale et emblème du futurisme. Les « lignes de force » s'inscrivent dans un angle de pénétration (cône de Mach) qui se répète en s'ouvrant. Les couleurs, souvent sensuelles, approximatives, instables n'acquièrent de valeur que si elles sont dominées par la ligne, par la géométrie qui assure la connaissance exacte des corps.

2. Ce maelström urbain d'énergie en fusion refuse les harmonies passées pour exprimer une dissonance, dense ou effilochée, la violence de la lumière, la simultanéité, entraîne l'homme dans ses tourbillons dévastateurs. « Faisant de l'énergie le véritable sujet de l'œuvre, le futurisme pratiquera la défiguration par le mouvement. Il détruira la représentation au nom des forces qui travaillent la matière », remarque Giovanni Lista.

*port**[1]). Pour exprimer le « dynamisme universel », les projets d'un « art total » se multiplient qui brûlent d'atteindre « l'expression intégrale, dynamique et simultanée de l'univers », d'intégrer toutes les dimensions du quotidien. Néanmoins, Marinetti privilégiera peu à peu l'éphémère et le négligeable, aux dépens du *Gesamtkunstwerk*, que fustige le plus crûment Umberto Boccioni, peintre, sculpteur et théoricien du groupe : « Tristan et Iseut, Siegfried, Paolo et Francesca, Orphée, Apollon, le Christ et Jean d'Arc, Jupiter et Wotan, Prométhée, Lucifer et tous les satyres des bois, crapules libidineuses, pédérastes actifs ou passifs et incestueux de la mythologie et de la légende, savez-vous ce qu'ils font ?... horreur ! Savez-vous ce qu'ils provoquent chez les futuristes ? Des vomissements. »

On lit aussi, dans un deuxième manifeste, publié en France dans *Comœdia* le 18 mai 1910, et qui enrichit le cercle d'une composante picturale (Carlo Carrà, Luigi Russolo, Giacomo Balla, Enrico Prampolini ou Gino Severini) : « Nos sensations en peinture ne peuvent plus être chuchotées. Nous voulons désormais qu'elles chantent et retentissent sur nos toiles comme des fanfares assourdissantes et triomphales. » Rien ne saurait mieux illustrer cette assertion que *La danse du « pan-pan » au Monico**, du peintre le plus doué et le plus représentatif du courant, Gino Severini. Lequel soutient – dans une lettre à Ardengo Soffici du 27 septembre 1913 – le caractère novateur de cette immense peinture de bruits, hymne rieur à l'éclat nocturne des cabarets parisiens : « Ce tableau était plutôt seulement musical, au détriment des

1. De cette composition avec ellipses brisées, Félix Del Marle, seul futuriste français, écrit, en 1913 : « Nous avons abandonné le motif entièrement développé selon son équilibre fixe et par conséquent artificiel mais, comme en musique, nous coupons brusquement chaque motif par un ou plusieurs autres dont nous ne donnons que les notes initiales, centrales ou finales. On peut apercevoir dans nos toiles des taches, des lignes, des zones de couleur qui ne correspondent apparemment à aucune réalité. [...] Pour ne citer que des lignes, si celles-ci sont confuses, sursautantes, courbes, elles donneront une agitation chaotique de sentiments. [...] Il en est de même pour les couleurs comme pour les sons. »

volumes et des formes que j'avais inconsciemment négligés, ou que je n'avais pas sentis, pour suivre la principale cause émotive : les sons. Au moyen de contrastes et de zones complémentaires, j'arrivai à la première réalisation des sons et du mouvement. » La taille imposante de l'œuvre incitait le spectateur à se placer au centre des facettes tourbillonnantes.

En introduisant la notion de bruit, qui indique l'action – alors que, comme le résume, un brin piteux, Carrà dans *La peinture des sons, bruits et odeurs*, « jusqu'au XIXe siècle la peinture fut l'art silencieux par excellence » –, les futuristes renouvellent les topiques rebattus de la *musicalité* des couleurs, de l'*harmonie* des formes ou de la *souplesse* de l'arabesque. Ainsi que le constate, par exemple, le virulent Richard Huelsenbeck, l'un des fondateurs de Dada, quand il entre en relation avec le mouvement futuriste. Il en apprécie le concept de simultanéité, qu'il reprend à son compte, et surtout celui de bruitisme ; lequel, contrairement au mélodisme, abstrait, indique directement l'action, l'ébranlement : « Chez Wagner, écrit-il dans *En avant Dada*, on voyait tous les mensonges de l'abstraction pathétique – le bruit d'un frein pouvait au moins nous donner mal aux dents. »

Pandémonium de riens errants

Il était donc temps qu'éclatassent désaccord, dissonance et disharmonie ; car la musique, en Italie, fait alors preuve de « médiocrité intellectuelle » par rapport aux autres pays d'Europe ; la *giovane scuola* (Umberto Giordano, Giacomo Puccini) est vide, privée de vie ; les jeunes musiciens doivent boycotter conservatoires et académies qui sentent le rance. Ce qu'énonce, dans son Manifeste des musiciens futuristes (11 octobre 1910), le compositeur et musicologue Francesco Balilla Pratella. La geste iconoclaste et polémique se poursuit dans le Manifeste technique de la musique futuriste (11 mars 1911) ; il recommande le rejet irrévocable des gammes et tonalités anciennes pour ouvrir le domaine musical à l'*enharmonisme*, à savoir l'utilisation de micro-intervalles plus petits que le demi-ton tempéré, plus variés et plus subtils, ceux qu'avait proposés Busoni ; grâce aux « bruiteurs » du peintre, poète et musicien Luigi Russolo, et à l'utilisation de bruits, l'enharmonisme deviendra une réalité musicale.

C'est au « cher Balilla Pratella, grand musicien futuriste », que Russolo dédie en 1913 *L'art des bruits*. Considérée comme annonciatrice de la musique concrète, de la machinerie techno et celle du groupe de musique synthétique allemand Kraftwerk, voire de l'infernal imbroglio homme-machine de *Luna Park* (2011) de Georges Aperghis, la musique qu'expose ce manifeste s'oppose à la mélodie bien peignée du *bel canto* et aux « sons anémiés » de la tradition. Tout comme les corps-machines du drame de Marinetti, *Les poupées électriques*, récusent la tradition humaniste du grand art italien glorifiant les fastes de la figure humaine. Russolo estime qu'il est nécessaire de « conquérir la variété infinie des sons-bruits », ceux, agités et dynamiques, de l'ère industrielle ; d'annexer peu à peu de nouveaux territoires ; de renouveler l'instrumentation ; d'intégrer la discontinuité des bruits dans un continuum sonore. (Frappe nos oreilles la rythmique bruitiste, violemment syncopée, du *Mandarin merveilleux*, ballet de Bartók, dont la masse orchestrale traduit l'image de la métropole monstrueuse, pandémonium d'êtres et de riens errants. Dans le même temps, 1916-1917, George Grosz peint *Metropolis**, cacophonie urbaine rougeoyante, chaos déchaîné et inhumain, éclatante réplique au futurisme italien.) Pour créer ces sons et en jouer, Russolo construit avec Ugo Piatti des instruments qu'il appelle des *intonarumori*, ou bruiteurs, dont des hululeurs, des glouglouteurs, des crépiteurs ou des fracasseurs. Pour renouveler et élargir le timbre et la densité de l'orchestre symphonique, « il fallait, explique Russolo, créer des instruments construits de façon à donner à chacun le timbre d'un bruit avec la possibilité de modifier la hauteur du ton avec toutes les variations diatoniques et chromatiques ». Ces bruiteurs évoquent les futures machines de Jean Tinguely, habiles à toutes sortes de manigances surprenantes : mélangeurs de sons, grinçants, pétaradants, expulsant parfois violemment divers matériaux, le *Klamauk**[1], par exemple. En mars 2011, le musicologue et compositeur Luciano Chessa présente sa reconstruction des seize bruiteurs présentés le 11 août 1913, à la Maison Rouge, quartier général des futuristes, à Milan ; plusieurs compositeurs (Blixa Bargeld, Ulrich Krieger, Pauline Oliveros ou Mike Patton) écrivent des pièces pour cet instrumentarium.

Éplucher le globe de l'œil

Des concerts des bruiteurs de Russolo furent donnés, qui déçurent, ou déchaînèrent des scandales comme celui du Théâtre des Champs-Élysées en 1922. Varèse, à qui Russolo avait dédicacé un exemplaire de son opuscule, intéressé moins par le bruit que par le bruit se transformant en son, puis le son en timbre, se montre très réticent : « Pourquoi, futuristes italiens, reproduisez-vous servilement la trépidation de notre vie quotidienne en ce qu'elle n'a que de superficiel et de gênant ? Je rêve d'instruments obéissant à la pensée – et qui avec l'apport d'une floraison de timbres insoupçonnés se prêteraient aux combinaisons qu'il me plaira de leur imposer et se plieraient à l'exigence de mon rythme intérieur. » Nonobstant cette grogne, pérenne (« Je ne connais jusqu'ici [1956] que des élucubrations psycho-théosophocyranesque, bafouillées en un charabia pseudoscientifique »), Varèse présentera le 27 décembre 1929 une audition de musique futuriste exécutée par Russolo au Rumorharmonium, réunion, en un seul instrument à clavier, de tous les bruiteurs. Peu avant, en 1923, dans le numéro 7 de la revue *Der Sturm*, où il analysait les bases d'un renouvellement de l'art des sons, depuis les explorations futuristes, Mondrian (dont le célèbre *Broadway Boogie Woogie**, tableau qui fait « partie des choses les plus dénuées de mystère qui ont été faites dans

1. Cette machine à sons, montée sur roues, mène le chahut *(Klamauk)* en crachant des confettis et du plâtre alentour. Accompagnée en outre d'une clique de fifres et de tambours de Bâle, elle suivit le corbillard le jour des funérailles nationales de l'artiste, à la fin de l'été 1991, dans les rues de Fribourg, sa ville natale. Figuration bruyante de la pitrerie de l'existence.

le monde », selon Pierre Boulez), demandait « une nouvelle ordonnance des sons et non-sons (bruits déterminés) », non-sons qui correspondent, en peinture, aux « non-couleurs », c'est-à-dire le blanc, le noir et le gris. En 1923 aussi, le 4 octobre, sur la scène du Théâtre des Champs-Élysées, George Antheil, l'« enfant terrible de la musique », comme il se baptisa, celui pour qui « la musique est l'art le plus à même d'exprimer la beauté des machines », déclenche, devant un gigantesque rideau cubiste de Fernand Léger et en prélude à la soirée d'ouverture des fameux Ballets suédois, le plus violent scandale depuis la rixe du *Sacre du printemps* de Stravinsky, ou celle des futuristes, exécutant un groupe de pièces pour piano, la *Sonate sauvage*, la *Sonate de l'aéroplane* et *Méchanismes*, glacées, antiromantiques et inexpressives. Il trouve des défenseurs de taille : Satie, avec sa charmante barbiche, applaudissant vigoureusement de ses petites mains gantées ; ou maints surréalistes boxant les maudisseurs de cette musique. Puis, dans des articles, Ezra Pound, lequel, à l'« école "atmosphérique" », à la « foire de Neuilly » wagnérienne et aux « apparitions dans la brume » de Debussy, préféra le monde musical qui les nie, celui d'Antheil. Un monde de « barres d'acier, non de vieilles pierres et de lierre », qui présente des analogies avec les « blocs de glace » de Picasso, où le piano n'est « plus mélodique, ou cantabile, mais solide, unifié comme un tambour ». En découle, pour l'esprit, une perception plus précise de la forme, des rythmes et des masses : « C'est un épluchage du globe de l'œil, une taille ou un curage des tissus nerveux de l'oreille [...]. »

Pour le piano, toujours, Antheil composera, en 1933, quarante-quatre fulgurants préludes, et leur conclusive Percussion Dance, *La femme 100 têtes*, d'après le roman-collages éponyme de Max Ernst (1929)– série d'images confectionnées à partir de gravures de la fin du XIXe siècle ou de catalogues, éveillant de nouvelles associations visuelles ou oniriques. Cet homme, écrit André Breton, « ne [recule] devant rien de ce qui est susceptible d'élargir le champ de la vision moderne et de provoquer les innombrables *illusions de vraie reconnaissance* qu'il ne tient qu'à nous d'avoir dans le futur et dans le passé ». Trois ans plus tôt, Giacinto Scelsi, se frottant au futurisme, composait une « grosse machine », puissante et lyrique, qu'il estimera rehaussée de trop de couleurs : *Rotativa*, un court poème symphonique pour trois pianos, cordes, cuivres et percussions (partition introuvable ; trois autres versions furent trouvées), proche de la musique d'Antheil. Mais le rythme de cette œuvre était si humain, si *reconnaissable*, qu'il la sous-titra, narquois, *Coïtus mechanicus*.

Dès la fin des années 1940, l'impasse compositionnelle des théoriciens du futurisme s'avère, avec l'utilisation de l'enregistrement (Pierre Schaeffer : *Étude aux chemins de fer*). En 1975, Pierre Henry, également peintre, conçoit encore, avec la « complicité » de Bernard Bonnier, *Futuristie*, une « manifestation sonore et visuelle en hommage à Luigi Russolo », prétexte rétro d'un adieu à une période où l'on croyait encore, de façon naïve, instinctive et irréfléchie, à un progrès illimité de l'homme ; mais « cette idée de faire chanter les bruits, dit le compositeur, méritait bien un coup de chapeau ». Les bruitistes futuristes suscitèrent d'autres soubresauts, plus lointains, tels les sinistres défoulements de certaines bouches raps, obstruées de petits fours, ou le *scratch* de nouveaux esprits frappeurs, que d'aucuns veulent faire passer pour autre chose que des crachotements de bruits braconnés – comme s'il y avait un au-delà du bruit dans le bruit, et qu'on puisse imaginer ce qui est absent.

Comme si une vestale pouvait fuir le feu méditant, insinuerait Jean-Claude Éloy…

X

Carré noir et bruit blanc

L'éveil à l'ellipse

La flamboyance fermée de l'abstraction et les impasses du chromatisme incitent peintres et compositeurs à s'exprimer de façon absolue. Dans des surfaces vides où les figures ne sont plus que souvenirs, dans des musiques qu'acèrent l'ellipse et le silence. Les œuvres s'exaspèrent en leur pureté formelle : la forme d'une figure peut laisser le vide qui la cerne devenir lui-même figure. Tel peintre s'effraie de soleils qui chavirent, tel musicien d'éternités qui ne durent qu'éboulis de minutes. De nouveaux langages naissent, aux refus paroxystiques. Jusqu'à « l'imminimisable minime minimum » (S. Beckett). Évanouis les nymphéas de la Vivonne et les clochers de Martinville, éclipsé le lever de l'astre orange de Tribschen ! Foin de la splendeur de la chair, de sa puissance regardante ! Ou de ces exquises réalités, l'asperge de Manet, les petits pois de Vallotton. Mais, tout d'un coup, des moments d'ouï-dire et d'étale, d'émotions obscures et de précieux « silenciaires » (Maurice Ohana). Obligeant l'oreille et l'œil à se plonger en leur profondeur, à scruter, à détailler, ces remous tordent nos automatismes perceptifs : plus on se concentre sur l'infiniment petit et l'infiniment immobile, plus on perd la notion du temps et celle de l'image ; plus on perd aussi la dualité entre soi et l'œuvre. Cet égarement minutieux ne peut que déchaîner l'affrontement, semer la terreur de l'inaperçu. Peu importe alors qu'il nous ébahisse, ou nous dévaste ; on aura évacué le reconnaissable.

Vers l'insaisissable

Les premiers courants de l'avant-garde russe, relatifs aux arts plastiques, à la musique, à la littérature et à la poésie, se manifestent avant les bouleversements de 1917. Mais c'est le contexte révolutionnaire qui effacera les limites, caractéristiques justement, de cette avant-garde. Les détonateurs décisifs de la « révolution culturelle » et du bondissement vers l'abstraction furent le néoprimitivisme, le cubisme et le futurisme. Mais aussi les nouvelles mathématique et physique qui permettaient d'envisager un monde non plus gouverné par des systèmes prévisibles et des lois de cause à effet, mais ourlé de hasard et d'indétermination. Également déterminante, l'influence de créateurs comme Michel Larionov, Lioubov Popova, Alexandre Rodtchenko, Kazimir Malevitch ou Mikhaïl Matiouchine. Enfin, essentielle pour l'art russe du XXe siècle, celle de la musique. Laquelle ne se conçoit pas alors comme la seule émanation d'une notation et d'une instrumentation, mais comme l'épiphanie de son « authenticité », de son harmonie intérieure. La musique se déroule au-delà du culte de la synesthésie ou de la théorie bancale qui voulait qu'aux sept couleurs du spectre correspondissent les sept notes de la gamme européenne. Des peintres et des écrivains symbolistes approfondissent la conscience du mystère, de l'insaisissable absolu, indépendant de toute « action », que représente la nouvelle musique : Victor Borissov-Moussatov, André Biély et, surtout, Alexandre Blok. Qui écrit, en mars-avril 1919, dans un article intitulé « Le naufrage de l'humanisme » : « La musique est un chœur sauvage, une clameur discordante pour l'oreille civilisée. Elle est presque insupportable pour beaucoup d'entre nous. J'oserais même dire, sans crainte du ridicule, mortelle. Elle détruit toutes les conquêtes de la civilisation qui semblaient jusqu'ici inébranlables ; elle s'oppose aux mélodies traditionnelles qui chantent "le vrai, le bon et le beau". » La voie s'ouvre vers l'aventure abstraite – la dématérialisation et la désintoxication du monde où nous vivons, l'arrachage des verrous intérieurs.

Le dévoilement du rien

Rejetant le « pinceau ébouriffé » par le nominalisme et le suçotage du sublime, Kazimir Malevitch choisit la plume, « plus acérée », pour affirmer en d'ambitieuses investigations théoriques sa volonté d'« aller de plus en plus loin dans la nudité des déserts », jusqu'au stade de la conceptualisation pure. Sa peinture impose en effet au spectateur une réalité non référentielle, une sensation de sans-objet. C'est l'idée de la « suprématie » de la forme pure, le suprématisme, née à Moscou en 1913, date de la conception du célèbre *Carré noir**, l'« icône de notre temps », dont la première version est présentée sous le titre lapidaire de *Quadrangle* (ou *Quadrilatère*) ; la version du musée national d'Art moderne de Paris pourrait avoir été réalisée dans l'atelier de Malevitch en 1925-1926. Ce carré noir sur fond blanc – issant des œuvres intitulées *Blanc sur blanc**, ultime et éblouissante étape d'une pensée atteignant la plénitude non objective, développée aussi dans la « pensée blanche » qui aboutit au Rien, à l'absolu philosophique –, ce carré noir dans un champ blanc qui supprime l'opposition forme/fond (fondement de l'esthétique occidentale depuis la Grèce antique) fut un effort désespéré pour libérer l'art du poids de la représentation : « Ce n'était pas un carré vide que j'avais exposé, dit Malevitch, mais la sensibilité du monde sans objet. » Et ceci : « Le carré est un nouveau-né vivant et majestueux. Le premier pas de la création pure dans l'art. » Ou encore : « La réalité n'est pas plus représentable que connaissable. Rien n'est connaissable, mais dans le même temps, ce "rien" éternel existe. » Enfin : « Chaque forme est libre et individuelle. Chaque forme est un monde. » Au début du XXIe siècle, la Japonaise Misato Mochizuki, dans *outrenoir* (2011) pour voix de soprano et ensemble, s'attachera moins à dépeindre musicalement les célèbres *Outrenoirs* de Soulages qu'à rythmer la lumière, à révéler la densité de la texture et l'énergie de la forme que le peintre voulut y faire ressortir. Le contraire, donc, d'un monochrome magnifiant la mort de la peinture ; ou des « dernières peintures [noires] que l'on peut peindre », les *Ultimate Paintings*, réduites à leur plus simple expression, de l'Américain Ad Reinhardt.

Cette cosmologie, affirmation, par Malevitch, du Néant dans sa peinture, trouve des précédents historiques. En 1617, ainsi, le carré vide et noir de la cosmogonie occultiste de Robert Fludd, l'un des esprits les plus hardis et remarquables du XVIIe siècle. Cette noirceur correspond à l'une des propriétés de Dieu, la « nolonté » (*noluntas*) ou ténèbre divine, reposant sur un principe d'indifférenciation et d'amorphie (privation) ; tandis que par sa volonté (*voluntas*), Dieu s'épanouit en sa splendeur. Inspiré par les correspondances et rapports musicaux entre macrocosme et microcosme, qu'imagina Fludd, Anselm Kiefer lui a dédié nombre de toiles ; entre autres, la série intitulée *La vie secrète des plantes*, dans laquelle le peintre nous « allonge » devant un ciel aux couleurs renversées, nous condamnant ainsi à une liberté visuelle cosmique, au-delà de l'horizon et de ses limites. Au-delà du visible.

La mort du siècle métallique

La preuve de l'émergence du suprématisme en 1913 est fournie par l'apparition de cette forme quadrangulaire – non pas encore comme une forme abstraite, émanation de l'être non figuratif absolu, mais comme l'acteur d'un rôle dramatique –, et premier signe cinglant de l'éclipse des objets (mais aussi celle de la triangularité, séculaire représentation du divin), dans des esquisses de décors et costumes élaborés par Malevitch pour l'opéra « a-logique » *Victoire sur le soleil* de Mikhaïl Matiouchine, compositeur, violoniste, peintre, sculpteur, éditeur, et ami le plus intime de Malevitch, œuvre créée, avec scandale bazar, et succès, au Théâtre Luna Park de Saint-Pétersbourg le 3 décembre 1913. Outre intervalles et dissonances inattendus, le public fut confronté à divers bruits tels que grondements de canon, craquements de machines ou à l'explosion d'un avion. L'écrivain, traducteur et essayiste russe Benedikt Livchits, qui assista à cette création, raconte, dans *L'archer à un œil et demi* : « Dans une nuit de création du monde, les tentacules des projecteurs extrayaient par parties tantôt un objet, tantôt un autre et, le saturant de lumière, lui communiquaient la vie. [...] L'innovation et l'originalité de Malevitch consistaient avant tout en l'utilisation de la lumière comme principe créant la forme et légitimant l'existence des choses dans l'espace. [...] Dans les limites de la boîte scénique, la stéréométrie picturale prenait naissance pour la première fois, un système rigide de volumes se constituait ramenant au minimum les éléments du hasard imposés de l'extérieur par les mouvements des corps humains. Ces corps étaient mis en pièces par les lames des phares, ils perdaient alternativement les bras, les jambes, la tête, car pour Malevitch ils n'étaient que des corps géométriques soumis non seulement à la décomposition en éléments, mais aussi à la complète désagrégation dans l'espace pictural. L'unique réalité était la forme abstraite qui avait englouti, sans qu'il en restât rien, toute la vanité luciférienne du monde. »

Auteur du livret, le poète et dramaturge Alexei Kroutchonykh, l'un des signataires du manifeste futuriste *Gifle au goût public* (décembre 1912), assimila cet opéra au concept de *zaoum*, fusion des mots russes *za* et *oum* signifiant « au-delà de la raison », à l'image de sa poésie sonore et « transmentale ». Cette œuvre cubofuturiste, précurseur des pièces dadaïstes et du théâtre de l'absurde, condamne l'ancien ordre des choses, combat l'art pour l'art, proclame la fin d'une ère et le progrès inexorable de la technique, dépeint une transformation profonde de civilisation, intensément éprouvée par les artistes de l'époque : le soleil est vaincu, les « cieux pourris » une fois « fermés », c'est la « mort du siècle métallique », l'épanouissement de la liberté. Matiouchine avait créé une théorie originale, celle du « regard élargi » (*smotrenié raschirennoïé*), qui établissait des relations directes entre l'espace et le temps, impliquant un changement radical de la conscience et l'élaboration d'une nouvelle perception et représentation de l'espace (*Construction picturo-musicale**). Il découvre, grâce à Velimir Khlebnikov, essentiel « axe de rotation » du futurisme et auteur du Prologue de l'opéra (« Novelettes négrithurges »), les hypothèses scientifiques les plus récentes, cite, dans ses écrits, Nikolaï Ivanovitch Lobatchevski, le premier mathématicien à proposer une géométrie non euclidienne, dite parfois « pangéométrie ». À l'instar de nombreux futuristes russes, il est en outre séduit par l'ésotérisme et l'occultisme, mentionne *Un nouveau modèle de l'univers*, ouvrage de Piotr Demianovitch Ouspenski, et bible de la modernité russe.

Infinie et impassible, la ligne

Dans ses œuvres scéniques, Matiouchine explore surtout l'interaction entre la couleur et le son. Il écrit, dans « Du son et de la couleur » (1926) : « Les sons purs de la musique sont colorés d'une façon spécifique ; mais leur coloration doit au préalable être trouvée dans le chaos de lumière, de sons et de bruits, et ne peut pas être déterminée par analogie avec des vibrations. La plus petite unité doit être cristallisée à partir de sons simples, composés (*zusammengesetzten*). De même que la plus petite nuance colorée dévoile tout un spectre de couleurs quand elle est décomposée à l'aide d'un prisme, ainsi chaque son de la nature (chaque son comme bruit) devrait révéler sa tonalité (sa structure devrait être définissable). » La vision des rythmes de l'« orchestre du monde » qu'avait Matiouchine inspira maints artistes dans les premières décennies du XXe siècle, surtout Boris, Ksenija et Maria Ender. Le peintre symboliste Victor Borissov-Moussatov, qui puisera dans les idées musicales de Matiouchine l'un de ses modèles de référence, écrit, en 1905 : « La mélodie infinie que Wagner a trouvée en musique est également présente en peinture. Dans les fresques, elle doit correspondre à la ligne. Infinie, monotone, impassible, sans angles. » L'écrivain

Alexandre Toufanov, qui forma un lien entre le projet futuriste des années 1910 et la nouvelle génération des années 1920, poète excentrique et président du Globe Terrestre de la Zaoum, s'efforça, avec Boris Ender, de découvrir, en la poésie transmentale, un équivalent de l'harmonie transcendantale où le son est un « geste sonore ». Quand bien même affirme en 1917 le jeune poète symboliste André Biély dans *Glossolalie*, que « la région du son, c'est l'au-delà de l'image, le radical, la première naissance ».

Comme musicien, Matiouchine fut l'un des premiers à expérimenter dûment l'emploi du quart de ton ; pour Malevitch, l'utilisation des quarts de ton dans *Victoire sur le soleil* traduit l'effondrement de la musique ancienne. La nouvelle, il la conçoit comme la mise en valeur de « couches » sonores compactes fondées sur l'alternance d'états dynamiques d'intensité inégale, comme une fusion de la musique, de la peinture et de la poésie. Ce rêve de l'art total, à l'origine d'œuvres beaucoup moins convaincantes que confuses, sera poursuivi en terre d'émigration par Nikolaï Obouhov avec sa cantate, d'une durée de cinq heures, *Le livre de vie* et par Ivan Wyschnegradsky avec *La Journée de l'Existence*, pour récitant, grand orchestre et chœur mixte *ad libitum*.

Signalons enfin que dans sa correspondance avec Matiouchine Malevitch mentionne son ami d'enfance, le compositeur Nikolaï Roslavets. Qui élabore à partir de 1913 un « nouveau et solide système d'organisation des sons » pour supplanter un système classique fragilisé et lacuneux. Ce système de « complexes sonores », qui se fixe en taches claires, inspiré au départ des « accords synthétiques » de Scriabine, fut souvent comparé au dodécaphonisme de Schoenberg, quand même Roslavets développa ses séries de sons symétriques indépendamment du Viennois.

Premier happening : neuf et oublié à jamais

Aux États-Unis, l'anarchie des relations entre la musique et les arts plastiques, les prémices des arts multimédias, les happenings, les *events* et les performances émergent, dès avril 1948, au Black Mountain College – bien après l'extrême réduction des moyens d'expression plastiques pratiquée par l'avant-garde classique des années 1920. Cette manière d'université libre fondée en 1933 dans les montagnes de Caroline du Nord joue un rôle fondamental dans l'histoire de l'art moderne nord-américain. Elle est alors conduite par Josef Albers, émigré européen qui y adapte l'enseignement du Bauhaus ; il attire l'attention sur la théorie et la perception des couleurs, sur les tensions, vibrations et harmonies qu'elles entretiennent entre elles. Et combat la soumission servile aux cultures européennes et à l'antiquité grecque, poussant ses étudiants à affirmer leur propre identité culturelle. En 1936, le peintre, photographe et metteur en scène suisse Xanti Schawinsky, autre ancien du Bauhaus, y crée un événement expérimental et abstrait, une « expérience totale » dit-il, où sont explorées les relations entre le mouvement, l'espace, la couleur, le son, la parole et la musique, *Spectrodrama : Play, Life, Illusion*. Trompettiste à ses heures, Schawinsky avait fondé le Bauhaus Band et instauré la « Step Danse-Step Machine », espèce de danse et de musique mécanique, associant à un rythme soutenu des effets de lumière dramatiques et différentes performances. (Aujourd'hui, tout, et n'importe quoi, peut s'appeller performance : managers, politiciens, avocats ou accusés sont mesurés à l'aune de leurs performances ; dans la publicité, par exemple, une crème antirides promet une « performance 3D »…)

En 1948, se rencontrent ou se retrouvent à Black Mountain, et y enseignent, l'architecte, designer et inventeur visionnaire Richard Buckminster Fuller, le danseur et chorégraphe Merce Cunningham ou le peintre Robert Rauschenberg – auteur entre autres de toiles entièrement blanches, ou entièrement noires – et le compositeur John Cage, deux figures éminentes de l'« avant-garde » new-yorkaise, que lient de profondes affinités spirituelles. Prolongeant naturellement l'expérience de Schawinsky, le premier happening de l'après-guerre, *Theater Piece #1*, ou « événement sans titre », se déroule au réfectoire de Black Mountain en août 1952. Brouillant les barrières entre les arts, il est joué en chœur par John Cage, juché en haut d'une échelle, déclamant un texte avec silences programmés ; par Merce Cunningham et ses danseurs, en déplacements parmi le public assis au centre ; par Charles Olson et Mary Caroline Richards lisant leurs poésies, perchés sur une autre échelle ; enfin par David Tudor au piano et, dominant toutes ces actions, suspendus, les six *White Paintings* de Robert Rauschenberg – le plus grand inventeur de ce siècle après Picasso, affirmait Jasper Johns. De la sorte, l'auditeur-spectateur observe, autant qu'il écoute, un tableau remuant. Unique, irrépétable, neuf et oublié à jamais, il est de plus irréductible aux réminiscences du leitmotiv wagnérien !

Le silence, ça n'existe pas

Au début des années 1950, sur l'exemple des *White Paintings**, Cage, réduisant plus radicalement encore les procédés expressifs, compose un morceau silencieux, pour n'importe quel(s) instrument(s) et sur n'importe quelle durée déterminée par des opérations du hasard, en trois mouvements dont chacun se résume, sur le papier, au seul mot TACET : *4'33"* (voir aussi p. 16). Aux yeux de Cage, le cadre temporel d'une composition – correspondant au cadre d'un tableau – est ce qui en fait une œuvre d'art ; le blanc de Rauschenberg est aussi pictural que le silence de Cage est musical – ou, quasi una fantasia, la douleur de Haydn, musicien de la joie, purement musicale. Il considère ces *4'33"* comme sa composition favorite, parce que, dit-il, « je voulais une musique libérée de ce qui me plaît ou me déplaît, parce que la musique devrait être indépendante des sentiments et des idées du compositeur. J'ai toujours senti et j'espère avoir fait sentir à d'autres que les sons qui nous entourent constituent une musique plus intéressante que ce qu'ils entendraient s'ils allaient au concert ». Et Rauschenberg, à propos de ses grandes toiles blanches : « Elles s'accordent avec l'incertitude, l'excitation et le corps d'un silence organique, la réserve et la liberté de l'absence, la plénitude plastique du rien, le point où le cercle commence et finit. Elles sont la réponse naturelle aux courants de pression de l'absence de foi et aux promoteurs d'un optimisme institutionnel. Que je les aie peintes n'a absolument aucune importance. Aujourd'hui est leur créateur. » (Lettre à Betty Parsons, 18 octobre 1951.)

Alors, silence, vraiment ? Non, répond Cage, et les gens n'ont pas saisi, qui se sont indignés, réalisant qu'il n'allait rien se passer ; ils n'ont pas ri : « Le silence n'existe pas. Ce qu'ils ont pris pour du silence, parce qu'ils ne savent pas écouter, était rempli de bruits au hasard. On entendait un vent léger dehors pendant le premier mouvement [à la première, "exécutée" par le pianiste David Tudor au Maverick Concert Hall de Woodstock, le 29 août 1952 : assis au piano, sans faire d'autres gestes que ceux de signaler les débuts des parties, en ouvrant le couvercle du clavier, et leurs fins en refermant le couvercle]. Pendant le deuxième, des gouttes de pluie se sont mises à clapoter sur le toit, et pendant le troisième, ce sont les gens eux-mêmes qui ont produit toutes sortes de sons intéressants en murmurant leur aigreur ou en s'en allant. » Un bonheur pour les aimeurs de musique, et pour les critiques de musique, qui ne l'aiment guère.

Comme la nuit, qui remue, jamais noire, le silence est toujours des sons ; l'obscurité est chargée d'invisible rayonnant (Matisse, sur la toile *Intérieur au violon**, dit avoir « peint la lumière en noir ») ; le silence est vision de l'inouï. Mais l'angoisse du silence, impensable et indépassable, comme synonyme de mort exacte, la peur du mutisme musical, de son temps cloué, peut « déconcerter » le public, dès lors éberluer l'écoute d'une œuvre, brouiller le paysage sonore. Ce fut le cas, jadis, des silences de tout l'orchestre chez Bruckner (sa *Deuxième Symphonie*, à sa création, fut critiquée, étiquetée « symphonie des silences »). Ce fut le cas, naguère, à la première, saisissante, du *Prometeo* de Luigi Nono en 1984 à l'église San Lorenzo à Venise, œuvre dite « tragédie de l'écoute », théâtre invisible d'où toute dimension visuelle est exclue, où les structures sérielles, la fragmentation, les fractures transforment l'écoulement du temps en des instants uniques, fixes. C'est aussi le cas, pour emprunter un exemple au jazz, de Thelonious Monk dont certains thèmes, *Evidence* ou *Blue Monk*, donnent l'impression de s'arrêter : la musique s'y écoute, se moquant de tout flux, se heurte au silence, au point que le pianiste fait entendre quelque chose, quelque chose qui fait presque mal et ce, sans le jouer. Comme le note avec bonheur Laurent de Wilde, sa musique est « un pavé dans la mare qui, une fois jeté, coule à pic et disparaît. On le regarde sombrer, et on ne sait s'il faut suivre des yeux cette masse qui s'enfonce, ou contempler l'onde égale de ses remous ». Paix dans les brisements !

Le silence mène une double vie dans la chair des sons : « Vous n'entendez pas cette voix terrifiante qui hurle tout autour de l'horizon et qu'on appelle d'habitude le silence », gémit le Lenz de Georg Büchner, lamentation reprise par Wolfgang Rihm dans son opéra de chambre *Jakob Lenz*. Le silence, il peut aussi être apocalyptique, comme dans la gravure de Dürer, le silence d'environ une demi-heure du septième sceau, quand le ciel se tait, dépeint métaphysiquement par Mark Andre dans la Musiktheater-Passion ... *22,13...* (1999-2004). Pour cet autre compositeur de notre temps, Franck Bedrossian, le silence conspire la mort du son, une hantise prudente qu'accompagnent le jaillissement d'un son saturé, souillé, des brassées de musiques enfiévrées à tout moment prêtes à dégringoler dans le vide et l'abîme. Cette voracité de survie s'affirme dans *La conspiration du silence* pour orchestre (2003) ou ensemble instrumental (2009) : la superposition, l'opposition et la fusion de textures complexes et saturées (bruits blancs, souffle...) caractérisent les variations de plasticité, de rugosité et de transparence ; de ces contrastes « sculptés par l'écriture » dans le matériau brut de sons démesurés, naît un engrènement du temps, une dramaturgie qui rythme et barbèle la forme musicale. Bedrossian signale aussi que des œuvres de Rothko composées de deux ou trois couleurs superposées aux frontières souvent ambiguës, vibrant les unes avec les autres, résonnant les unes avec les autres comme par sympathie – voir *N° 14 (Browns over Dark)** –, lui vint l'idée de l'organisation verticale de textures distinctes (souvent deux, parfois trois), superposées par groupes ; ainsi le registre grave pour les vents, l'aigu pour les cordes.

Des aéroports pour les poussières et les ombres

Comme Cage l'avait expérimenté avec le son, et le non existant silence acoustique (son et silence ne sont plus des frères ennemis), Rauschenberg, peignant des toiles vides, avait constaté qu'elles ne l'étaient jamais totalement ; réagissant à l'espace environnant, elles deviennent en effet le miroir de la perception du regardeur : « J'ai toujours pensé aux peintures blanches comme étant non pas passives mais très… – en fait hypersensibles. […] Si bien qu'on pouvait les regarder et pratiquement voir, d'après les ombres portées, combien de personnes étaient dans la pièce, ou quelle heure de la journée il était. » À Irmiline Lebeer, en 1973 : « On a considéré [ces toiles blanches] comme des canulars, des objets nihilistes, de l'anti-peinture, un geste dada. Même les rares personnes qui les appréciaient y voyaient de la pureté, de l'austérité. Mais à mes yeux, elles n'étaient pas pures du tout, mais sensuelles : des champs plastiques ouverts, prêts à tout intégrer. » La volupté sublimée d'une orchestration qui n'est pas toujours déchiffrable.

Pendant que mûrissant *Blanc sur blanc* Malevitch « surmonta l'impossible et fit des abîmes de [son] souffle », Rauschenberg va plus loin encore avec ses *White Paintings*, offrant au regardeur de nouvelles occasions d'être associé, intégré au tableau : en l'achevant, grâce à son ombre sur la toile blanche. (De l'imposante œuvre interactive *Soundings*, le timbre et la hauteur de la voix du spectateur révèlent les images, celles de chaises sérigraphiées sur des écrans de plexiglas, un « bruit optique », selon l'historien de l'art Leo Steinberg.) Pour Cage, « jamais vides », ces peintures intranquilles « deviennent des terrains d'atterrissage pour les particules de poussières et d'ombres du lieu alentour. Mon morceau *4'33"* devient, quand on l'interprète, les sons du lieu environnant. Maintenant, dans la musique, les sons du lieu restent, pour ainsi dire, là où ils sont, alors que dans le cas de la peinture de Rauschenberg, la poussière et les ombres, les changements de lumière et ainsi de suite, ne restent pas où ils sont mais viennent à la peinture. »

Réductrice de réalité et de fluence, la couleur blanche peut aller jusqu'à harceler un compositeur comme l'Autrichien Peter Ablinger : la plupart de ses œuvres est consacrée à la couleur blanche, notamment le vaste cycle *Weiss/Weisslich* (1980-1999) pour différents médias : instruments, installations, objets, pièces électroacoustiques, pièces de référence, pièces en prose, musique sans sons. Pour Ablinger, le mot « blanc » est le plus captivant qui soit ; le bruit blanc, qui contient toutes les fréquences audibles – comme la lumière blanche contient toutes les couleurs –, le plus poétique pour ce qui est de la musique ; presque un « frôlement d'esprit », soufflerait Gauguin. Ce qui conduisit logiquement Ablinger au bruit de surface, ou aux sons à haute densité spectrale et enveloppe assez statique, fut son désir de surfaces, celles par exemple, aux formats monumentaux, de Barnett Newman, que son radicalisme formel rattache à Malevitch et Rothko (voir aussi *infra* Feldman). En Europe, peu de compositeurs abordèrent le phénomène de surface, hors Xenakis (les glissandos en avalanches de *Metastaseis*), Ligeti (les « surfaces de timbres », d'*Atmosphères*), ou, plus récemment, Ablinger encore (l'unisson et le frémissement sonore de *Der Regen, das Glas, das Lachen*).

Aux lisières du perceptible

L'œil et l'oreille peinent à percevoir les œuvres qui chevauchent les confins du sensible. Qu'il y ait trop-pleins ou asphyxie de moyens d'expression, ils butent sur l'invisible. Les blancheurs sonores et visuelles jettent notre esprit dans le désarroi – comme face au flash blanc quand la pellicule décroche de la caméra. Elles exaspèrent notre imaginaire ; mais cet imaginaire, s'il est fouetté par un effort d'attention, une intuition de la pensée ou une songerie vagabonde, le voici libre de fonctionner par toute sa fibre ; d'immobiliser le flux temporel en des espaces sans échappée : le temps n'avance plus, les sons ne fuguent pas, restent là comme des points dans l'espace. Ainsi prise à l'hameçon de ces bibelots éclatés, notre fantaisie est en mesure d'apprécier cet idéal de composition, acculée au bord du vide déjà, qu'énonçait Schoenberg dans la préface aux *Six bagatelles* pour quatuor à cordes de son disciple Anton Webern : « Chaque regard peut s'amplifier en un poème, chaque soupir en un roman. Mais exprimer un roman par un seul geste, un bonheur par un seul souffle, une telle concentration ne se trouve que là où un apitoiement sur soi manque proportionnellement. » Cage, autre élève de Schoenberg, s'inspirera de Webern dans les *Six Short Inventions* pour trois instruments ou plus.

Au rebours de ces brièvetés, l'hypertrophie, la grandiloquence, l'effet qui pavoise, destinés à nous subjuguer, savent être insoutenables aux sens, affolent la perception d'une œuvre. Nous en décrochent. En musique, la complexité des symphonies de Mahler, que peut illustrer l'enchevêtrement des nombreuses lignes mélodiques dans le premier mouvement de la *Neuvième*, oblige l'oreille au qui-vive pour que ne se perde pas le fil du temps, pour que l'œuvre ne tourne au fatras de sons confus. En peinture, les tableaux de bataille fourmillent parfois de tant de détails, entrelacs ou sarabandes, que notre attention se fixe sur ce que l'artiste a fait, plutôt que d'être attisée par ce que l'ensemble de l'œuvre a fait de nous. Il arrive que la musique réussisse à imposer la fixité là où n'étaient que flux impénétrable et lignes inondées. Dans *La bataille d'Alexandre* d'Albrecht Altdorfer, ainsi (voir p. 40), ou dans *La conquête de Constantinople par les Vénitiens*, de Dominique Tintoret. La première peinture s'éclaire, accompagnée par les scintillances longues de Ligeti, se délivre de toute pesanteur, de l'odeur même de la mort. La seconde est décortiquée, s'aère, frissonne, se relie savamment à notre regard grâce aux cinq œuvres du *Tintoretto Zyklus* (1999-2008) de Wolfram Schurig, inspirées de trois esquisses de cette monumentale peinture. Mais revenons aux Amériques.

La consistance spatiale du son

Earle Brown, bon ami de Cage, se dit lui aussi fortement marqué par Rauschenberg, Pollock et Calder, non pas tant comme des « modèles » pour faire de la musique, mais comme source de « poésie », intime de leur travail, une « qualité essentielle » en vue d'une expérience musicale dans le temps, une sorte d'espace-temps – avec des moyens, des matériaux et des résultats nécessairement différents. Brown fut l'un des premiers à concevoir des œuvres écrites en notation graphique et non plus en notation traditionnelle sur portées, qui est d'abord, remarque avec saveur Ossip Mandelstam, « la disposition de combat d'une flottille de voiliers, et aussi le plan du naufrage de la nuit ordonnée en noyaux de prunes ». La graphie musicale est mise en évidence par le sonore. On ne peut concevoir ce rapport que comme réciproque : « Si je pense le signe, je pense le signe du son, écrit Franco Donatoni ; si je pense le son, je pense le son du signe. » Et Stockhausen, dans « Musik und Graphik » : « [...] Dès que le déroulement temporel de la musique entre dans l'*image* de telle sorte que les relations temporelles deviennent des relations spatiales, et que la qualité des événements se succédant les uns aux autres se renverse en rapports structurels d'une impression optique, la communication d'une musique atteint quelque chose comme un charme extra-musical [...] ».

La notation graphique permet de rendre visibles de nouveaux processus sonores, des mises en sons multiples, celles qui utilisent en musique ce que le cubisme avait réalisé en peinture, à savoir la multiplicité de plans de lecture. (Paulhan raconte, dans sa « Petite aventure en pleine nuit », comment les obstacles de son atelier, il les voit « de tous les côtés à la fois », ne s'étant pas contenté de leur « aspect » mais de leur « inspect » qu'il tenait.) Cette polyphonie spatio-temporelle graphique procéda également de la volonté des compositeurs d'introduire une certaine indétermination, davantage d'imprévisibilité, ou une mobilité dans l'exécution de la musique ; ce qui requérait de l'interprète imagination et trouvailles :

« une indécision délibérée ou un jeu non délibéré », écrit Cage. De plus, la notation traditionnelle était devenue de plus en plus limitée et restrictive à l'heure des nouvelles expérimentations et nouveaux langages, souvent complexes – créations collectives, électroacoustique, électronique, puis, dès la seconde moitié du XXe et le début au XXIe siècle, de l'« art sonore » (*Klangkunst*), c'est-à-dire tout ce qui s'incommode des catégories consacrées : performances, multimédia, installations ou architectures sonores. Ainsi un son occupe une portion d'espace, acquiert une consistance spatiale, on peut lui tourner autour, le traverser, avoir sur lui différents points de vue, épuiser ses facettes.

En 2009, l'Ircam parisien, groupé à des partenaires européens, présente un nouveau système de diffusion sonore « holophonique », le WFS (*Wave Field Synthesis*, ou Synthèse de front d'ondes), qui projette dans l'espace des sons en 3D, de véritables hologrammes sonores, ou sources virtuelles, donnant l'impression que c'est d'elles, et non des haut-parleurs, qu'émane le son. La même année, Philippe Schœller explore et exploite, en collaboration artistique avec Gilbert Nouno, son nouvel « instrument d'espace » dans *Operspective Hölderlin*, pour soprano, quatuor à cordes et spatialisation. La WFS permet à Schœller de « plonger jusqu'aux limites de cette faculté miraculeuse de l'ouïe comme de l'œil : discerner, focaliser, “tenir la ligne” ou suivre le fil, viser un point de vue, ouvrir une perspective ».

Tableaux ou partitions

Dans la musique d'Earle Brown, le déroulement temporel entre ainsi dans l'image, de telle façon que les relations temporelles deviennent des relations spatiales – soulignant ainsi la différence essentielle entre l'espace dans les arts visuels, qui est un paramètre physique, et l'espace en musique, lequel, imaginaire, ne se révèle qu'avec l'écoulement du temps. Les créations d'Earle Brown, que l'on peut regarder aussi bien comme partitions que comme tableaux, sont des œuvres d'art autonomes ; ainsi le spectaculaire et abstrait *December 1952* qui consiste en une unique feuille blanche où figurent trente et un blocs horizontaux et verticaux, de différentes épaisseurs et longueurs, indépendants de toute expression sonore. « Écrite » pour un ou plusieurs instruments et/ou un média producteur de son, souvent elle fut comparée à un Mondrian noir et blanc – quand bien même le précurseur de cette première partition entièrement graphique serait, précise le compositeur, plutôt Calder et l'idée de la mobilité libre de forme. Cette nouvelle graphie de l'espace-temps devrait être considérée comme un *instantané* de l'espace sonore, lequel englobe une infinité de directions à partir d'une infinité de points : un déchiffrage à parcours multiples. L'approche de ces éléments graphiques fondamentalement fixes serait non pas seulement *physiquement* mouvante, mais *conceptuellement* « mobile » : « En rendant possible, précise Brown, un nombre infini d'exécutions réelles grâce à la contribution des réponses immédiates de l'exécutant aux stimuli graphiques relatifs aux conditions d'environnement de la représentation, intentionnellement ambigus. » Sans instructions de réalisation (tempo, dynamique, articulation...), sans savoir s'il s'agit de traduire acoustiquement les impressions provoquées par les divers rectangles noirs de la page blanche de la partition, la forme de *December 1952* n'est pas « ouverte » – puisque sans contenu identifiable... qui peut alors être forme –, mais est *une* forme provoquant beaucoup d'autres formes à travers l'action des interprètes qui participent à l'incarnation de l'œuvre et à chacune de ses exécutions particulières. Ce genre d'œuvres devient quelque chose qu'on ne peut prédire. Aussi Earle Brown parle-t-il non pas de « composition exécutée », mais d'« exécution composée » d'une œuvre provisoire qui est une partition « à l'image de cet espace en un instant donné, devant toujours être saisi comme irréel et/ou transitoire. L'exécutant doit alors faire naître le mouvement, c'est-à-dire prendre conscience que la partition est en mouvement et entrer en elle [Brown fut très influencé par Buckminster Fuller et sa notion de synergie]. Soit rester assis et la laisser évoluer ; soit se déplacer à travers elle à toute vitesse ». (Mauricio Kagel, assimilant l'interprétation à un véritable acte créateur, parle de « modèles graphiques » plutôt que de partitions.)

Ces œuvres autorisent une certaine flexibilité, titillent des *espaces* effectifs de souplesse temporelle, demandent aux musiciens de faire preuve de spontanéité, d'improviser, puisque ne leur sont offerts ni longueurs temporelles fixées, ni nombre de mesures – ce qui renvoie au passé de Brown, trompettiste de jazz. (En revanche, négligeaient le jazz Cage, Christian Wolff ou Morton Feldman ; lequel raconte, dans sa conférence de Middelburg du 2 juillet 1987, qu'il se rendait régulièrement avec ses jeunes amis artistes au Five Spot Café, haut lieu new-yorkais du jazz, où se produisaient Ornette Coleman et Thelonious Monk ; tous étaient follement enthousiastes, sauf lui, Feldman, « assis là, comme un idiot ».) Une telle implication et responsabilité de l'exécutant comme opérateur de la forme et participant à l'acte de « composer » sera prolongée par un André Boucourechliev : dans la série de ses *Archipels*, qui n'aurait, selon son dire, pas été possible sans les « affinités » qui l'unissaient avec Earle Brown. *Archipel III* pour piano et six percussions, par exemple, est une œuvre *mobile*, souligne Boucourechliev, changeante dans sa forme, ses caractéristiques, sa durée, à chaque interprétation. Cette mobilité résulte de la libre combinaison de l'ensemble des structures de l'œuvre, tant au niveau de chaque partition individuelle qu'à celui de l'ensemble piano-percussion. Comme chez Brown, la liberté de choix qu'exercent à chaque instant les interprètes, leur spontanéité, repose sur l'écoute mutuelle et exclut toute intervention du « hasard ».

À l'inverse de la partition épurée de Brown, les îlots de musique denses de signes d'*Archipels* évoquent le rare et sensuel Sylvano Bussotti, peintre, metteur en scène, cinéaste, scénographe, réalisateur de décors et de costumes, et l'un des plus éminents compositeurs vivants, dont certaines partitions sont des notations transformées en tableaux : véritables entités esthétiques autonomes, somptueuses beautés graphiques constellées de dessins enchevêtrés et d'efflorescences luxuriantes, à l'image de sa musique, virtuose et scintillante. Les partitions graphiques simplifiées de Brown lui rappellent, disait-il en 1985 à l'auteur de ces lignes, la notation mesurée de la fin du Moyen Âge, et les prolations (dans le système rythmique de l'Ars nova, rapports de durée entre une semi-brève et une minime) de Philippe de Vitry.

INARRÊTABLE, LE MOUVEMENT ?

Earle Brown et John Cage sont parmi les amis de Morton Feldman. Mais Feldman confiait souvent que le « gros problème », c'est qu'il avait plus appris sur la musique avec les peintres éclaireurs de New York, ses « amis hauts en couleurs » (Rauschenberg, Philip Guston, Franz Kline, Joan Mitchell, Barnett Newman, Willem De Kooning, Mark Rothko...), qu'avec les musiciens. Car il grandit avec des peintres ; « et les peintres sont enclins au suicide, dira-t-il à Louis Andriessen en 1986, ils adorent les culs-de-sac, chérissent l'échec [...]. Ce qui m'a permis de débarrasser ma maison hantée de ses fantômes ». Il passe des heures à écouter De Kooning préciser sa représentation de l'espace ou la manière de l'utiliser comme contenu, sa façon de fracturer quelque chose, ou encore les démêlés des peintres avec le temps et la structure : « Je structure le silence comme les peintres structurent l'espace. »

Deux peintres exercèrent une profonde influence sur Feldman. Pollock, d'abord, et la technique du *all-over* (uniformité des éléments picturaux sur toute la surface de la toile), qui l'incitent, dans ses œuvres graphiques, à briser la chaîne de causalité : « J'avais en tête une espèce d'image immuable incluant mouvement et mobilité. Ce qui m'importait, c'était l'énergie nécessaire pour conserver une seule et même image [...] et pour être partout en même temps. J'ai nommé cela la sensibilisation à un espace omnitemporel [*all-time space*] particulier. Pollock, d'une certaine manière, m'a montré comment maintenir quelque chose en mouvement, tout en me faisant saisir la nature du statisme. » L'autre peintre, qui l'imprégna, fut Rothko ; il lui apprit comment maintenir le statisme, tout en déployant l'énergie capable d'assurer le mouvement. Ces deux peintres, « dans un sens dialectique, conclut le compositeur, étaient donc des opposés : l'un représentait le mouvement dans le statisme, l'autre le statisme dans le mouvement ». Morton Feldman, la nouvelle peinture, elle l'assoiffe donc d'un monde sonore plus immédiat, plus direct et anticonceptuel, de manière qu'il n'y ait rien entre le son et l'esprit. Comme l'ironique et subversive simplicité de l'espace tranché de *Not There-Here* (« Pas là-bas ici ») *, toile due à Barnett Newman (Hans Zender lui dédiera l'un de ses *Logos-Fragmente*, en 2006-2008).

Le son : un cigare ou un papillon

Des influences picturales, mais aussi littéraires (Gertrude Stein, James Joyce, Jackson Mac Low, Frank O'Hara...), furent à l'origine de la coalition de ce groupe très singulier d'artistes. Tous se fréquentent : les peintres assistent aux concerts, les musiciens aux vernissages ; tous se trouvent en sympathie les uns avec les autres, avec l'avant-garde en général. « Voilà ce qui me paraît extraordinaire, déclarait Brown en 1995 : ce n'était pas un effort concerté en vue de quelque chose, nous ne savions pas où nous allions, chacun de nous suivait simplement son instinct. Je suis persuadé que nous nous stimulions réciproquement, mais – et cela est très important – nous ne dépendions pas les uns des autres. Nous ne formions pas une école, quoi qu'en aient chuchoté les critiques. » Pour Feldman, « ce qui fut grandiose dans les années cinquante, c'est que, pour un bref moment – disons, peut-être, six semaines –, personne ne comprenait l'art. Voilà pourquoi tout est arrivé ».

Dans le même temps, l'Italien Giacinto Scelsi, dans sa passion pour ce qu'il perçoit directement, *regarde* battre le pouls du son, ce « premier mouvement de l'Immobile ». Sa musique est statique, éclat fixe, mais sa dynamique réside dans sa matière sonore : « Le Son, dit-il aussi, peut prendre n'importe quelle forme, comme celle d'un dodécaèdre, d'un cigare ou d'un papillon. » Dans *Pfhat*, pour chœur, orgue et orchestre, sous-titré « Un éclat... et le ciel s'ouvrit », la vision sonore provoquée par l'énorme cluster résonnant du deuxième mouvement éblouit et fige l'auditeur dans une immobilité déconcertante. Alors que chez Feldman, qui apprécia Scelsi, rien n'est inerte mais tout est immobile ; tout donne l'illusion d'une suspension magique ; et démesure les sensations et les émotions de l'auditeur.

Les différents degrés de statisme utilisés en peinture « furent peut-être, écrit Feldman, les éléments les plus significatifs que j'ai apportés à ma musique à partir de la peinture ». Ses compositions se focalisent en effet sur la faiblesse des attaques, l'extrême ténuité (« À cause de son extrême quiétude, ma musique serait la plus heureuse avec un public mort ») et les durées extrêmes (« L'*Odyssée* est-elle trop longue ? ») ; sur les distances intervalliques les plus resserrées (« c'est très, très large une seconde mineure ! ») ; à la lisière du rien : « Ma musique est *dans* le silence », dit-il ; ou encore : « Le silence est mon substitut au contrepoint. Rien contre quelque chose. Les degrés du rien contre quelque chose. C'est une chose réelle, une chose qui respire. » Son travail microscopique sur la temporalité réalise en quelque sorte, déclare Paul Méfano, « un goutte-à-goutte qui mène au vertige de cette façon ouatée qui lui est si personnelle ». On pense à *Éclat* de Boulez, écrit en 1964-1965 : les auditeurs, charmés en partie sans doute par quelques-uns des quinze instruments de cette pièce, glockenspiel, vibraphone, cymbalum, mandoline, harpe ou cloches tubes (en cette période d'extrême sérialisme statique, on blâma l'hédonisme du compositeur !), sont invités à contempler les sons qui se transforment sans être modifiés. Au centre de l'œuvre, le temps est élastique, la musique est « écrite sur du caoutchouc », explique Boulez, qui peut le distendre, en le dirigeant, ou le raccourcir. Cette notion du temps est non directionnelle, « on ne va pas vers un but, mais on vit dans l'instant comprimé ». C'est le vivace aujourd'hui, dépouillé de déroulement formel, c'est l'air vif, l'euphorie de la clarté sonore.

C'est gelé et, en même temps, ça vibre

L'œuvre de Feldman – en laquelle certains critiques de musique inaboutis ne voient que « posture intellectuelle » et « amateurisme » – est pensée comme un « plan sonore », remplaçant, pour les oreilles, la surface du tableau (*picture plane*), son « obsession de la surface » étant « le thème de [sa] musique » ; l'œuvre étant moins une « composition » qu'une « toile temporelle » que le musicien « recouvre plus ou moins d'une teinte musicale » (que l'auditeur écoutera « picturalement », pour entendre la couleur de l'œuvre plutôt que sa tournure compositionnelle). Car il sied moins de « composer » que de « construire ». Ainsi, dans *Projections*, construire c'est « projeter des sons dans l'espace, loin de toute rhétorique de composition », et « avec la même imprévisibilité que la lumière réfractée et toujours mouvante de Monet ». Comme le geste pictural, dont Feldman était témoin, projetait les couleurs sur la toile (en écho, les papiers peints apocalyptiques obtenus par le travail du *dripping* de Pollock). Les sons, dans l'espace aussi, il faut les laisser être eux-mêmes. Pour cela, Feldman, mais aussi Christian Wolff et Earle Brown, tentèrent de « décoller » leur musique. Autrement dit, selon Henry Cowell à propos de la continuité musicale, ainsi que le rapporte Cage : « Là où les gens avaient ressenti la nécessité de coller ensemble les sons pour obtenir une continuité, nous ressentions tous quatre la nécessité opposée de nous débarrasser de la colle afin que les sons soient eux-mêmes. » Ne reste plus à l'auditeur qu'à les admirer en leur scintillante fixité d'étoiles proches.

Sur les partitions graphiques de la série *Projections*, où Feldman pouvait peindre sa palette de sons, point d'indications de hauteur, dont le choix revient à l'interprète, mais seulement de registre (aigu, médium et grave), les durées étant proportionnées à la grosseur et à l'étendue de cases, carrés ou rectangles, les suggérant. Christian Wolff : « Il fixait au mur des feuilles de papier millimétré et travaillait dessus comme s'il s'agissait de peintures. Lentement, ses notations s'accumulaient et, de temps en temps, il se reculait pour juger de l'effet visuel global. » Cette approche globale du cadre temporel est proche de la manière de travailler de Pollock qui plaçait sa toile sur le sol et peignait tout en marchant autour d'elle : « Plutôt que d'obéir au trajet habituel gauche-droite d'un bord à l'autre de la page, écrit le compositeur, les cases horizontales du papier millimétré représentaient le tempo – chaque case équivalant à une valeur de durée préétablie ; et, verticalement, les cases représentaient l'instrumentation de la composition. »

Un beau jour, Feldman déclara que sa musique devait être abordée « non comme si vous écoutiez mais comme si vous observiez quelque chose dans la nature ». En réalité, le procédé de Feldman est tout à fait singulier : au rebours de la plupart des compositeurs qui empêche le son de s'écrouler en l'intégrant dans un système, harmonique ou dodécaphonique, de s'écouler en l'enfermant dans une dialectique, lui, l'empêche de tomber, de tomber par terre en le maintenant sur le plan sonore venu se substituer au plan du tableau : « Si j'agis ainsi, dit-il, c'est pour faire voyager mon oreille de long en large, pour qu'elle devienne de plus en plus riche. Mon travail ressemble beaucoup à celui d'un peintre dans la mesure où, observant les phénomènes, j'épaissis et j'allège, et je travaille de cette façon, juste en observant ce qui est nécessaire. » Ainsi Feldman peut conserver une tension, une stase, celle qu'il trouve chez Rothko, ou chez Matisse : « C'est le mot juste, dit-il. J'ai affaire à la stase. C'est gelé et, en même temps, ça vibre. » Citer Rothko s'agissant de stase est compréhensible, mais Matisse, voilà qui intrigue ; sauf si l'on considère la presque abstraite *Porte-fenêtre à Collioure**, trouée de nuit, image d'un bref *ostinato* qui se fige soudainement. Telle la formidable dissonance, impossible et inévitable, tout à la fin du *Bolero* de Ravel.

Dans l'interstice, la leçon de ténèbres

Rothko Chapel, pour chœur, alto, célesta et percussion, composé par Feldman à la mémoire de Mark Rothko, après le suicide de celui-ci en 1970, est presque un équivalent musical des tableaux âpres, sombres et poignants que le maître, se disant « artisan », préfère appeler des « façades », imposantes, car « les grands formats vous prennent en eux », insinue le peintre, le spectateur peut y plonger. Quatorze toiles assourdies de tons noirs et violets, autant de « drames dont les formes sont les interprètes », investissent l'innommée et non confessionnelle Rothko Chapel, lieu de contemplation construit sur les recommandations de Rothko et commanditée par John et Dominique de Menil. L'environnement favorise le dialogue entre chacune des toiles et entre les toiles et le spectateur : « Les personnes qui pleurent devant mes tableaux font la même expérience religieuse que celle que j'ai eue lorsque je les ai peints. Et si vous-même [...] vous n'êtes ému que par les rapports de couleurs, eh bien alors, vous passez à côté du sujet ! », déclarait-il au poète et critique Selden Rodman en 1956. Dans ces œuvres, l'espace, ou son synonyme plus concret la « profondeur » indique le peintre, révèle des sensations secrètes ou lointaines, dévoile ce qui était obscur : « C'est-à-dire dans l'effort d'expression pour rendre clair l'obscur, ou métaphysiquement, pour rendre proche l'éloigné, afin de les amener dans l'ordre humain et intime de ma compréhension. » Plus une peinture est vaste, plus elle nous transperce en même temps qu'elle creuse notre vue, l'accueille au lieu de l'arrêter.

En regard, la pièce de Feldman est longue, et le « choix des instruments (en termes de forces utilisées, d'équilibre et de timbre) fut déterminé, dit-il, aussi bien par l'espace de la chapelle que par les peintures. Les images de Rothko vont jusqu'à l'extrême bord de la toile, et je voulais atteindre le même effet avec la musique ; c'est-à-dire qu'elle devrait emplir l'ensemble de la pièce octogonale et ne pas être entendue à une certaine distance. Le résultat ressemble beaucoup à ce qu'on entend sur un disque ; le son est plus proche, physiquement plus présent que dans une salle de concert. Le rythme d'ensemble des peintures telles que Rothko les avait disposées créait une continuité ininterrompue. Alors qu'avec les peintures il était possible de répéter couleur et nuance tout en conservant une tension dramatique, je sentais que la musique appelait une série de sections enchaînées fortement contrastées. Je voyais une procession immobile semblable aux frises des temples grecs ».

Pour ce qui touche aux relations entre surfaces musicales et picturales, le compositeur suit une sente très étroite qui sépare toutes nos descriptions typologiques : il préfère penser ses pièces comme « *entre catégories* » (titre d'un texte célèbre en même temps que d'une œuvre musicale pour 2 pianos, 2 carillons, 2 violons, 2 violoncelles), comme « entre deux » créant la confusion du concept et de la perception, du son et du silence, de l'homogénéité et de l'individualisme des sons ; ou, comme il le dit lui-même, comme « entre temps et espace. Entre peinture et musique. Entre la construction de la musique et sa surface ». Feldman commença d'ailleurs de composer « une musique qui avait à voir précisément avec l'"interstice", en créant une confusion du matériau et de la construction, et d'une fusion de la méthode et de l'application, en [se] concentrant sur la manière de les diriger vers "ce qui est difficile à catégoriser" ». C'est l'« interpénétration », terme souvent utilisé par Cage, ce sont les moments où le polymorphe s'enchaîne au polyphone.

Feldman découvre l'implacable Mondrian lors de la rétrospective que lui consacre le Museum of Modern Art (MoMA) de New York en 1945. Mondrian, dont l'œuvre reste l'une de ses principales références du compositeur tout au long de sa vie, élabore, quand il découvre le jazz américain, une manière d'équivalent musical à son principe du néo-plasticisme (dualisme dont l'objectif est de balayer toute particularité, toute hiérarchie), auquel on ne parvient que par un « combat continuel et mutuel des extrêmes (physique-esprit) ». Connaissant bien la dodécaphonie de Schoenberg, les poèmes phonétiques de Raoul Hausmann ou les tonitruants bruiteurs futuristes italiens qu'il rejette « parce que la réalité naturelle n'[ayant] pas été transformée en abstraction plastique, elle n'atteint pas à sa véritable expression », Mondrian balaie mélodie, musicien, instruments du passé et salle de concert pour proposer un art autre, un art qui, dans l'avenir, s'épanouirait entre la peinture et la musique : « En s'exprimant par la couleur et la non-couleur, il sera Peinture, mais parce que ces couleurs et non-couleurs se montreront dans le temps et non dans l'espace, il s'approchera de la Musique. Le temps et l'espace n'étant que des expressions différentes *d'une même chose*, la Musique, dans la conception Néo-Plasticienne, est *"plastique"* [*c'est-à-dire représentation dans l'espace*] *et "plastique"* [*Peinture*] *possible dans le temps.* [...] La même image esthétique doit être créée par un usage différent du moyen plastique et par une autre composition. Pour arriver à s'assimiler dans l'abstraction une telle image esthétique, un état d'évolution abstraite plus grand encore que celui qu'exigent la Peinture et la Musique Néo-Plasticienne *sera probablement* nécessaire : l'unité véritable du "physique-esprit". » Mondrian propose également pour le futur de nouvelles ressources comme l'électricité, le magnétisme et la mécanique, se posant par là même en annonceur de la musique concrète et électronique. Éléments qui contribueront aussi à nous libérer de toute ombre d'individualité, de tout attachement et du « sens tragique que contiennent les choses matérielles ou individuelles », à nous catapulter, grâce à l'approfondissement de cette même plastique, musique et peinture, approfondissement qui leur fera conserver leur propre « couleur », dans l'unité, l'harmonie et l'universel.

XI

Final

Cette subversion de l'espace et du temps disloque le moi clos et lâche, et tu par de tièdes secousses esthétiques, pour l'ouvrir à des visions variées et changeantes. L'apaisement et le rassasiement où conduisaient les quelques schémas conducteurs propices à l'arrogance d'une perception et d'une compréhension immédiates du son et de l'image sont évacués. Arraché à ces torpeurs superficielles, et à sa propre surface, l'auditeur-contemplateur jouit désormais d'une accélération et d'une densification des sens, évolue, loin des typologies admises, dans un interstice merveilleusement perfide : le tableau se transforme en une création sans cesse renouvelée par le regard clairvoyant qui s'y déplace, road movie avec sauts, détours, rythmes et embardées. L'œuvre musicale subit des décélérations éperdues, se mue en un ressac de sons figé dans la coulée du temps, mystérieusement arrêté en son brimbalement. Comme le tableau, la musique se voit, entière, immédiate, dans un instant. L'émotion est souveraine et absolue.

Aussi adopter cette transgression, d'une part creuse un désir neuf, et le comble ; de l'autre, presse d'accorder deux incommensurabilités, la musique et la peinture. Sans en faire un bon vieux *Gesamtkunstwerk*, une bouillie synesthésique ; sans faire du spectateur, absurde représentation, un homme total. Ce gauchissement du gouvernail des sens, ce dérèglement raisonné, qui fait sonner « une cloche de feu rose dans les nuages » (Rimbaud), suppose le regard de l'oreille, à l'intérieur des sons, et l'écoute de l'œil, à l'intérieur des couleurs – une transformation de notre perception et, à coup sûr, de notre *pensée* comme plaisir sensible. Une nouvelle confrontation avec le réel, *après coup*. Incessante fulgurance ! Et dansent et pensent les sons et les couleurs dans ce nouvel état esthétique : la fluixité.

Cet entre-deux, de plus, elliptique et glissant, conserve à chacun de ces deux arts sa spécificité, son idiosyncrasie ; il permet de les « comprendre », à savoir accepter qu'ils restent incompréhensibles : phénomènes de l'esprit humain qui les a engendrés, ils ne se laissent plus jamais complètement rattraper, quand même ils sont poursuivis et pourchassés. L'insaisissable porté à son comble.

Cette vie double, grâce aux stratégies de désorientations sensorielles – fluidifier l'espace, figer le temps – développées par les artistes, leurs théories, leurs œuvres, rend clairement perceptibles les effrangements évoqués en tout début de ce livre. Elle permet aussi d'effacer les franges d'inintelligibilité où plastronnent la « culture zapping » et la non-picturalité propres au début du XXIe siècle. Ce travail si varié, si fin, de la sensation sur la sensation, écoute picturale de la musique et vision musicale de la peinture, confère de nouveaux possibles aux œuvres d'art, en change définitivement l'angle d'intelligence.

Cartels

I Entrée en matières

Pierre Henri de Valenciennes (1750-1819), *À la villa Farnèse : les deux peupliers*, 1780. Huile sur papier marouflé sur carton, 25,3 × 37,8 cm. Paris, musée du Louvre. www.louvre.fr

Edgar Degas (1834-1917), *L'orchestre de l'Opéra*, 1868-1869. Huile sur toile, 56,5 × 46,2 cm. Paris, musée d'Orsay. www.musee-orsay.fr

Edvard Munch (1863-1944), *Le cri*, 1910 (?). Détrempe, huile et pastel sur carton, 83,5 × 66 cm. Oslo, Munch Museet. www.munch.museum.no

Jean Delville (1867-1953), *Tristan et Yseult*, 1887. Crayon, craie noire et fusain sur papier, 44,3 × 75,4 cm. Bruxelles, Musées royaux des beaux-arts de Belgique. www.opac-fabritius.be/fr/F_database.htm

Vassily Kandinsky (1866-1944), *Bunter Mitklang* (« Résonance multicolore »), 1928. Huile sur carton, 32,9 × 21,3 cm. Paris, musée national d'Art moderne – Centre Georges-Pompidou. www.centrepompidou.fr

Dick Higgins (1938-1998), *The Thousand Symphonies. Symphony N°. 50*, I Allegro « September », 1981. Encres de couleur, stylo-bille sur papier à musique, 57,5 × 44,5 cm. Paris, musée national d'Art moderne – Centre Georges-Pompidou. www.photo.rmn.fr

Piero Manzoni (1933-1963), *Achrome*, 1958. Peinture sur toile, kaolin, 60 × 80 cm. Nantes, musée des Beaux-Arts. www.nantes.fr/site/mba/Accueil/Collections/ArtContemporain

II Fusions et lisières

Eugène Delacroix (1798-1863), *Musiciens juifs de Mogador*, 1847. Huile sur toile, 46 × 55 cm. Paris, musée du Louvre. www.louvre.fr

Paul Klee (1879-1940), *Rhythmisches* (« En rythme »), 1930. Huile sur toile, 69,6 × 50,5 cm. Paris, musée national d'art moderne – Centre Georges-Pompidou. www.centrepompidou.fr

Maria-Elena Vieira da Silva (1908-1992), *La partie d'échecs*, 1943. Huile sur toile, 81 × 100 cm. Paris, musée national d'Art moderne – Centre Georges-Pompidou. www.centrepompidou.fr

Joseph Mallord William Turner (1775-1851), *Paysage avec une rivière et une baie dans le lointain*, vers 1845. Huile sur toile, 93 × 123 cm. Paris, musée du Louvre. www.louvre.fr

Fernand Léger (1881-1955), *Les disques*, 1918. Huile sur toile, 240 × 180 cm. Paris, musée d'Art moderne de la Ville de Paris. http://mam.paris.fr

Véronèse (1528-1588), *Les noces de Cana* (détail), 1562-1563. Huile sur toile, 6,66 × 9,90 m. Paris, musée du Louvre. www.photo.rmn.fr

James Ensor (1860-1949), *Au conservatoire*, 1902. Huile sur toile marouflée sur panneau, 56,5 × 71,5 cm. Paris, musée d'Orsay. www.musee-orsay.fr

Henri Fantin-Latour (1836-1904), *Tannhäuser : Vénusberg*, 1886. Huile sur toile, 86,4 × 103,3 cm. Cleveland (Ohio), The Cleveland Museum of Art. www.clevelandart.org

Jean-Baptiste Camille Corot (1796-1875), *Chevrier assis, jouant de la flûte dans une clairière*, entre 1856 et 1857. Huile sur toile, 100 × 85 cm. Paris, musée d'Orsay. www.musee-orsay.fr

Oskar Kokoschka (1886-1980), *Die Macht der Musik* (« Le pouvoir de la musique »), 1918-1920. Huile sur toile, 100 × 151,5 cm. Van Abbemuseum, Eindhoven. www.vanabbemuseum.nl

Arnold Schoenberg (1874-1951), *Der rote Blick* (« Le regard rouge »), mai 1910. Huile sur carton, 32 × 25 cm. Vienne, Arnold Schönberg Center. www.schoenberg.at

Alberto Burri (1915-1995), *Sacco e bianco* (« Sac et blanc »), 1953. Huile, enduit, toiles diverses, toile à sac fixées sur toile, ficelles, 149 × 249,5 cm. Paris, musée national d'Art moderne – Centre Georges-Pompidou. www.centrepompidou.fr

Per Kirkeby (*1938), *Automne II (Herbst II)*, 1988. Huile sur toile, 200 × 170 cm. Nantes, musée des Beaux-Arts. www.collection.museedesbeauxarts.nantes.fr

Albrecht Altdorfer (vers 1480-1538), *La bataille d'Alexandre (Bataille d'Issus)*, 1529. Huile sur bois (chantourné), 158,4 × 120,3 cm. Munich, Bayerische Staatsgemäldesammlungen, Alte Pinakothek. www.pinakothek.de/alte-pinakothek

Louis Soutter (1871-1942), *Glace d'argent, miroir d'ébène*, vers 1938. Encre noire et gouache rouge sur papier, 44 × 58,1 cm. Lausanne, musée cantonal des Beaux-Arts. www.musees.vd.ch/fr/musee-des-beaux-arts

Arnold Böcklin (1827-1901), *L'ermite jouant du violon*, 1884. Huile sur bois, 90 × 69 cm. Berlin, Alte Nationalgalerie. www.smb.museum/smb/home/index.php

Jackson Pollock (1912-1956), *Number 26 A, Black and White*, 1948. Peinture glycérophtalique sur toile, 205 × 121,7 cm. Paris, musée national d'Art moderne – Centre Georges-Pompidou. www.centrepompidou.fr

Jean-Antoine Watteau (1684-1721), *Les deux cousines*, vers 1716. Huile sur toile, 30 × 36 cm. Paris, musée du Louvre. www.louvre.fr

III Harmonies des mondes

Peintre de Berlin (vers 510-vers 460). Kitharède (détail de la face A), 490-480. Céramique (amphore de type panathénique à figure rouge) ; hauteur du vase : 64,7 cm. Paris, musée du Louvre. www.louvre.fr

Athanasius Kircher (1602-1680), L'orgue de la Création, *Musurgia universalis, sive Ars magna consoni et dissoni in X. libros digesta*, Rome, 1650. Paris, BnF, Réserve de livres rares, Rés. V. 590-591. http://expositions.bnf.fr/ciel/grand/3-053.htm

Laurent de La Hyre (1606-1656), *Allégorie de la Musique*, 1649. Huile sur toile, 106 × 144 cm. New York, The Metropolitan Museum of Art. www.metmuseum.org

Pierre Paul Rubens (1577-1640), *L'éducation de la reine*, dit aussi *L'instruction de la reine* (détail), vers 1622-1625. Huile sur toile, 3,94 × 2,95 m. Paris, musée du Louvre. www.photo.rmn.fr

Gustave Moreau (1826-1898), *Promenade des muses*, seconde moitié du XIXe siècle. Aquarelle, 29,5 × 22,5 cm. Paris, musée Gustave-Moreau. www.musee-moreau.fr

Louis de Boullogne, le Jeune (1654-1733), *Thalie et Ératô, muses de la Comédie*, vers 1680. Huile sur toile, 98 × 120 cm. Château de Fontainebleau.
www.photo.rmn.fr

Eustache Le Sueur (1616-1655), *Melpomène, Ératô et Polymnie*, vers 1652-1655. Huile sur bois, 1,30 × 1,38 m. Paris, musée du Louvre. www.louvre.fr

Albrecht Dürer (1471-1528), *Uranie tenant le compas et le globe*, vers la première moitié du XVIe siècle. Encre brune, plume, 19,6 × 10,1 cm. Paris, musée du Louvre. www.louvre.fr

IV De sombres mythes musicaux

Roelandt Savery (1576-1639), *Paysage avec Orphée charmant les animaux*, 1611. Huile sur bois (chêne), 40,6 × 54,3 cm. Berlin, Gemäldegalerie. www.photo.rmn.fr

Nicolas Poussin (1594-1665), *Orphée et Eurydice*, vers 1650-1653. Huile sur toile, 1,24 × 2 m. Paris musée du Louvre.
www.louvre.fr

Cornelis Van Poelenburgh (vers 1586-1667), *Orphée et Eurydice aux Enfers*, vers 1630. Huile sur toile, 41,2 × 33,7 cm. Dijon, musée Magnin. www.photo.rmn.fr

François Perrier (vers 1594-1650), *Orphée devant Hadès et Perséphone*, vers 1647-1650. Huile sur toile, 54 × 70 cm. Paris, musée du Louvre. www.louvre.fr

Astéas (IVe siècle av. J.-C.), *Concours musical entre Apollon, Marsyas et les Muses*, vers 360-350. Céramique (lékanis paestane à figures rouges avec couvercle), 20 × 41,60 cm, diamètre : 30,50 cm. Paris, musée du Louvre. www.louvre.fr

Gustav Klimt (1862-1918), *Die Musik* (« La musique »), 1895. Huile et poudre de bronze sur toile. 27,5 × 35,5 cm. Munich, Neue Pinakothek. www.pinakothek.de/gustav-klimt/die-musik

Le Pérugin (vers 1448-1523), *Apollon et Marsyas*, vers 1490-1492. Huile sur bois, 39 × 29 cm. Paris, musée du Louvre.
www.louvre.fr

Girodet-Trioson (1767-1824), *Le jugement de Midas*. Crayon noir, plume et encre brune, lavis brun, rehauts de gouache blanche, 30,2 × 50 cm. Paris, musée du Louvre. www.louvre.fr

Titien (vers 1488-1576), *Le supplice de Marsyas*, 1575-1576. Huile sur toile, 212 × 207 cm. Kromeriz, Musée national.
http://kromeriz.nastole.cz/images/foto/zamek/galerie/obrazy/b1.jpg

V Vénus dévoilée par ses musiciens

Titien (vers 1488-1576), *Vénus d'Urbin*, 1538. Huile sur toile, 119 × 165 cm. Florence, musée des Offices. www.uffizi.firenze.it/musei/uffizi/

Titien (vers 1488-1576), *Vénus et un joueur d'orgue*, 1550-1551. Huile sur toile, 136 × 220 cm. Madrid, musée national du Prado. www.museodelprado.es

Renoir, Pierre-Auguste (1841-1919), *Grand nu*, 1907. Huile sur toile, 70 × 155 cm. Paris, musée d'Orsay. www.musee-orsay.fr

Titien (vers 1488-1576), *Vénus au joueur d'orgue*, vers 1550-1552. Huile sur toile, 115 × 210 cm. Berlin, Gemäldegalerie. www.photo.rmn.fr

Titien (vers 1488-1576), *Vénus et le joueur de luth*, 1565-1570. Huile sur toile. 167 × 210 cm. New York, The Metropolitan Museum of Art. www.metmuseum.org

Pablo Picasso (1881-1973), *L'aubade*, 4 mai 1942. Huile sur toile, 195 × 265 cm. Paris, musée national d'Art moderne – Centre Georges-Pompidou. www.centrepompidou.fr

VI Dominante religieuse

Matthias Grünewald (vers 1475-1528), retable d'Issenheim (deuxième ouverture), *La tentation de saint Antoine*, entre 1512 et 1516. Technique mixte (tempera et huile) sur panneaux de tilleul. Colmar, musée d'Unterlinden. www.photo.rmn.fr

Max Ernst (1891-1976), *L'ange du foyer*, 1937. Huile sur toile, 54 × 74 cm. Munich, Bayerische Staatsgemäldesammlungen, Pinakothek der Moderne. www.pinakothek.de/max-ernst

Otto Dix (1891-1969), *La tentation de saint Antoine*, 1944. Huile sur bois, 104 × 120 cm. Vaduz, Otto Dix Stiftung. www.otto-dix.de/stiftung

Jérôme Bosch (vers 1450-1516), panneau central du triptyque *Le chariot de foin*, vers 1516. Huile sur bois, 147 × 212 cm. Madrid, musée du Prado. www.photo.rmn.fr

Jérôme Bosch (vers 1450-1516), *Le jardin des délices*. Panneau de droite : *L'enfer du musicien*, 1500-1505. Huile sur bois. 220 × 389 cm. Madrid, musée national du Prado. www.museodelprado.es

Lucas de Leyde (vers 1489-1533), *David jouant de la harpe devant Saül*, vers 1508. Burin, 25,4 × 18,3 cm. Paris, musée du Louvre. www.louvre.fr

Le Dominiquin (1581-1641), *Le roi David jouant de la harpe*, vers 1620. Huile sur toile, 2,41 × 1,71 m. Versailles, châteaux de Versailles et de Trianon. www.photo.rmn.fr

Hans Memling (1433-1494), *Le Christ entouré d'anges chanteurs et musiciens*, vers 1480. Huile sur bois (chêne), 212,7 × 169,7 cm. Anvers, musée des Beaux-Arts. www.kmska.be/fr

Philippe de Champaigne (1602-1674), *Dieu le Père créant l'univers matériel*, vers 1633. Huile sur toile, 220 × 175 cm. Rouen, musée des Beaux-Arts. www.rouen-musees.com

Matthias Grünewald (vers 1475-1528), *Le concert des anges* (détail de l'*Incarnation*), partie centrale du retable ouvert d'Issenheim, vers 1512-1516. Huile sur bois. Colmar, musée d'Unterlinden. www.photo.rmn.fr

Caravage (vers 1571-1610), *Le repos pendant la fuite en Égypte*, 1594-1596. Huile sur toile, 130 × 160 cm. Rome, Galleria Doria-Pamphili. www.photo.rmn.fr

Caravage (vers 1571-1610), *L'Amour victorieux*, 1602. Huile sur toile, 156 × 113 cm. Berlin, Gemäldegalerie. www.photo.rmn.fr

Caravage (vers 1571-1610), *Joueur de luth*, vers 1595. Huile sur toile, 94 × 119 cm. Saint-Pétersbourg, musée de l'Ermitage. www.hermitagemuseum.org

Marco Antonio Franceschini (1648-1729), *L'extase de la Madeleine avec des anges musiciens*. 4e quart du XVIIe siècle. Huile sur toile, 44 × 58 cm. Paris, musée du Louvre. www.photo.rmn.fr

François Bellay (vers 1790-vers 1858), *L'extase de sainte Cécile*, d'après Raphaël. Aquarelle. 99 × 62 cm. Paris, musée du Louvre. www.louvre.fr

Maître du Haut Rhin (actif vers 1410-1420), *Le jardin du Paradis*, vers 1410-1420. Technique mixte sur bois de chêne, 26,3 × 33,4 cm. Francfort, Städel Museum. www.staedelmuseum.de

Edward Burne-Jones (1833-1898), *L'escalier d'or*, 1880. Huile sur toile, 26,9 × 11,6 cm. Londres, Tate Gallery. www.tate.org.uk

William Blake (1757-1827), *L'échelle de Jacob* ou *Le rêve de Jacob*, vers 1799-1807. Aquarelle, encre grise, plume, 39,8 × 30,6 cm. Londres, The British Museum. www.britishmuseum.org

Marcel Duchamp (1887-1968), *Nu descendant un escalier n° 2*, 1912. Huile sur toile, 147 × 89,2 cm. Philadelphia Museum of Art, Collection Louise et Walter Arensberg 1950. www.philamuseum.org

Le Jugement dernier, 1589. Fresque. Chapelle de Sant'Antonio Abate à Barbeano di Spilimbergo. www.photo.rmn.fr

Michael Wolgemut (1434-1519), *Danse macabre nocturne*, 1493. Gravure sur bois tirée du *Liber chronicarum* (« Chronique universelle ») de Hartmann Schedel (Nuremberg, 1493), 29,7 × 25,4 cm. Paris, bibliothèque des Arts décoratifs. www.photo.rmn.fr

VII Pratiques musicales

Tenture de *La Dame à la Licorne* : L'Ouïe, 1500-1510. Fils de laine et de soie, 3,68 à 3,69 × 2,90 m. Paris, Musée de Cluny. www.musee-moyenage.fr

Nicolas Lancret (1690-1743), *La leçon de musique*, 1743 (?). Huile sur toile, 89 × 90 cm. Paris, musée du Louvre. www.louvre.fr

Nicolas Lancret (1690-1743), *La leçon de flûte*, deuxième quart du XVIIIe siècle. Tableau, élément d'ensemble. Paris, musée du Louvre.www.photo.rmn.fr

François Boucher (1703-1770), *La leçon de musique*, 1749. Huile sur toile, 65 × 57,9 cm. Paris, musée Cognacq-Jay. www.photo.rmn.fr

Caspar Netscher (1635-1684), *La leçon de basse de viole*, vers 1664-1665. Huile sur bois, 48 × 36 cm. Paris, musée du Louvre. www.louvre.fr

Jean-Honoré Fragonard (1732-1806), *La leçon de musique*, vers 1770. Huile sur toile, 1,09 × 1,21 m. Paris, musée du Louvre. www.louvre.fr

Vermeer de Delft (1632-1675), *La leçon de musique*, vers 1662-1665. Huile sur toile, 73,3 × 64,5 cm. Londres, collection royale, avec la permission de Sa Majesté la Reine. www.ibiblio.org/wm/paint/auth/vermeer/

Henri Matisse (1869-1954), *La leçon de piano*, 1916. Huile sur toile, 245 × 212 cm. New York, Museum of Modern Art. www.moma.org

Caspar Netscher (1635-1684), *Femme au piano et chanteur*, 1666. Huile sur toile marouflée sur bois de chêne, arrondi en haut, 59,5 × 46 cm. Dresde, Gemäldegalerie Alte Meister, Staatliche Kunstsammlungen. www.sdk.museum

Antoine Le Nain (1588-1648), *La réunion musicale*, dit aussi *Réunion de famille* ou *Portraits dans un intérieur*, signé *Le Nain. fecit 1642* (?). Huile sur cuivre, 32 × 40 cm. Paris, musée du Louvre. www.louvre.fr

François-Hubert Drouais (1727-1775), *Le marquis de Sourches et sa famille*, 1756. Huile sur toile, 324 × 284 cm. Versailles, châteaux de Versailles et de Trianon (emplacement : corps central, appartement capitaine Gardes, ancien réchauffoir). www.chateauversailles.fr

Jean Siméon Chardin (1699-1779), *Les attributs de la musique*, 1765. Huile sur toile chantournée à oreilles, 91 × 145 cm. Paris, musée du Louvre. www.louvre.fr

Georges de La Tour (1593-1652), *Le vielleur*. Huile sur toile, 162 × 105 cm. Nantes, musée des Beaux-Arts. www.photo.rmn.fr

Carmontelle (1717-1806), *Mesdemoiselles Royer, filles du musicien de Zaïde*, 1760. Gouache. Paris, musée Carnavalet. www.photo.rmn.fr

Pierre-Auguste Renoir (1841-1919), *Jeunes filles au piano*, vers 1892. Huile sur toile, 112 × 79 cm. Paris, musée de l'Orangerie. www.musee-orangerie.fr

Man Ray (1890-1976) : *Le violon d'Ingres*, 1924. Épreuve aux sels d'argent rehaussée de crayon et encre de Chine, 28,2 × 22,5 cm. Paris, musée national d'Art moderne – Centre Georges-Pompidou. www.centrepompidou.fr

Lovis Corinth (1858-1925), *Die Geigenspielerin* (« La violoniste »), 1900. Huile sur toile, 202,5 × 118,5 cm. Bochum, Collection particulère. http://de.wikipedia.org/wiki/Datei:Lovis_Corinth_Die_Geigenspielerin_1900.jpg

Edvard Munch (1863-1944), *Madone (La broche)*, 1903. Lithographie, crayon, encre de Chine, outil pour gratter la pierre, 60 × 46 cm. Oslo, Munch-museet. www.munch.museum.no

Kees Van Dongen (1877-1968), *La violoniste*, vers 1922. Huile sur toile, 81 × 60 cm. Musée d'Art moderne et d'Art contemporain de la ville de Liège. www.mamac.be

Augustus John (1878-1961), *Madame Suggia*, 1920-1923. Huile sur toile, 186,7 × 165,1 cm. Londres, Tate Gallery. www.tate.org.uk

Titien (vers 1488-1576), *Le concert*, vers 1510. Huile sur toile, 109 × 123 cm. Florence, Palazzo Pitti, Galleria Palatina Sala di Venere. www.photo.rmn.fr

Caravage (vers 1571-1610), *Les musiciens*, vers 1595. Huile sur toile, 92,1 × 118,5 cm. New York, The Metropolitan Museum of Art. www.metmuseum.org

Valentin de Boulogne (1594-1632), *Un concert*, vers 1628-1630. Huile sur toile, 175 × 216 cm. Paris, musée du Louvre. www.louvre.fr

Valentin de Boulogne (1594-1632), *Réunion dans un cabaret*, vers 1625. Huile sur toile, 96 × 133 cm. Paris, musée du Louvre. www.louvre.fr

Nicolas Tournier (1590-1639), *Le concert*, vers 1632-1638. Huile sur toile, 1,88 × 2,26 m. Paris musée du Louvre. www.louvre.fr

Josef Danhauser (1805-1845), *Liszt au piano (Liszt am Flügel)*, 1840 (sur commande du facteur Conrad Graf). Huile sur bois, 119 × 167 cm. Berlin, Nationalgalerie. www.photo.rmn.fr

Otto Dix (1891-1969), *Grande ville (Großstadt)*, 1927-1928. Triptyque, panneau central. Technique mixte sur bois, 181 × 200 cm. Stuttgart, Galerie der Stadt Stuttgart. www.photo.rmn.fr

Jean Dubuffet (1901-1985), *Jazz band (Dirty Style Blues)*, 1944. Huile sur toile, 97 × 130 cm. Paris, musée national d'Art moderne – Centre Georges-Pompidou. www.centrepompidou.fr

Titien (vers 1488-1576), *Le concert champêtre*, vers 1509. Huile sur toile, 105 × 137 cm. Paris, musée du Louvre. www.louvre.fr

Pablo Picasso (1881-1973), *Le déjeuner sur l'herbe d'après Manet*, 3 mars-20 août 1960. Huile sur toile, 130 × 195 cm. Paris, musée Picasso. www.musee-picasso.fr

Antoine Watteau (1684-1721), *Le concert champêtre*, ou *La déclaration attendue*, vers 1716. Huile sur toile, 32,5 × 26,5 cm. Angers, musée des Beaux-Arts. www.musees.angers.fr

Jean-Baptiste Camille Corot (1796-1875), *Le concert champêtre*, 1857. Huile sur toile, 98 × 130 cm. Chantilly, musée Condé. www.musee-conde.fr

Piero della Francesca (vers 1422-1492), *La Nativité*, 1470-1475. Huile sur bois (peuplier), 124 × 122 cm. Londres, The National Gallery. www.nationalgallery.org.uk

Jacob Jordaens (1593-1678), *Les jeunes piaillent comme chantent les vieux*. Huile sur toile, 155 × 209 cm. Valenciennes, musée des Beaux-Arts. www.photo.rmn.fr

Edgar Degas (1834-1917), *La chanteuse de café*, vers 1878. Pastel sur toile, 52,9 × 41,1 cm. Cambridge (MA), Harvard Art Museum/ Fogg Art Museum. www.harvardartmuseums.org

VIII Semblances et ressemblances

Pisanello (v. 1395-v. 1455), *Oswald von Wolkenstein*, vers 1432. Miniature extraite de la Liederhandschrift B. Innsbruck, Universitäts- und Landesbibliothek Tirol. www.uibk.ac.at/ulb

François de Troy (1645-1730), *Portrait du luthiste Charles Mouton*, 1690. Huile sur toile, 138 × 106 cm. Paris, musée du Louvre. www.louvre.fr

André Bouys (1656-1740), *Portrait de Marin Marais, compositeur*, vers 1704. Peinture. Paris, Bibliothèque-musée de l'Opéra. www.photo.rmn.fr

Bernardo Strozzi (1581-1644), *La joueuse de viole de gambe*, vers 1640. Huile sur toile, 126 × 99 cm. Dresde, Gemäldegalerie Alte Meister, Staatliche Kunstsammlungen. www.skd.museum

Jean Auguste Dominique Ingres (1780-1867), *Le compositeur Cherubini et la muse de la Poésie lyrique*, 1842. Huile sur toile, 105 × 94 cm. Paris, musée du Louvre. www.louvre.fr

Gustave Courbet (1803-1869), *Hector Berlioz*, 1850. Huile sur toile, 61 × 48 cm. Paris, musée d'Orsay. www.musee-orsay.fr

Eugène Delacroix (1798-1863), *Portrait de Frédéric Chopin*, 1838. Huile sur toile, 45 × 38 cm. Paris, musée du Louvre. www.louvre.fr

Thomas Couture (1815-1879), *Frédéric Chopin*. Huile sur toile, 46 × 38 cm. Versailles, châteaux de Versailles et du Trianon. www.photo.rmn.fr

Pierre-Auguste Renoir (1841-1919), *Portrait de Richard Wagner*, 1893. Huile sur toile, 40,5 × 30, 5 cm. Paris, Bibliothèque nationale de France, bibliothèque-musée de l'Opéra. www.photo.rmn.fr

Antoni Tàpies (1923-2012), *Hommage à Richard Wagner*, 1969. Peinture acrylique et collage sur carton, 76 × 40 cm. Barcelone, Fundació Joan Brossa. www.fundaciojoanbrossa.cat

Jacques-Émile Blanche (1861-1942), *Igor Stravinsky, compositeur*, 1915. Huile sur toile, 175 × 124 cm. Paris, musée d'Orsay. www.musee-orsay.fr

Pablo Picasso (1881-1973), *Portrait d'Igor Stravinsky*, 24 mai 1920. Crayon de graphite et fusain sur papier à dessin vergé, 62 × 48,5 cm. Paris, musée Picasso. www.musee-picasso.fr

Jacques André Joseph Aved (1702-1766), *Portrait de Rameau*, vers 1730. Huile sur toile, 117 × 83 cm. Dijon, musée des Beaux-Arts. www.photo.rmn.fr

Max Oppenheimer (1885-1954), *Ferruccio Busoni*, 1916. Huile sur toile, 80,5 × 80 cm. Berlin, Staatliche Museen zu Berlin, Nationalgalerie. www.photo.rmn.fr

Max Oppenheimer (1885-1954), *Anton von Webern*, 1910. Huile sur toile, 80 × 70 cm. Wuppertal, Von der Heydt-Museum. http://vdh.netgate1.net/

Arnold Böcklin (1827-1901), *Selbstbildnis mit fiedelndem Tod* (« Autoportrait avec la Mort au violon »), 1872. Huile sur toile, 75 × 61 cm. Staatliche Museen zu Berlin, Nationalgalerie. www.photo.rmn.fr

Joseph Lange (1751-1831), *Mozart au piano-forte*, peinture inachevée, sans doute en 1789. Huile sur toile, 59 × 42 cm. Salzbourg, Stiftung Mozarteum. www.photo.rmn.fr

Johann Georg Edlinger (1741-1819), *Wolfgang Amadeus Mozart*, vers 1790. Huile sur toile, 80 × 62,5 cm. Berlin, Staatliche Museen zu Berlin, Nationalgalerie. www.photo.rmn.fr

IX Esthétiques singulières

František Kupka (1871-1957), *Étude pour Amorpha, fugue à deux couleurs et pour Amorpha, chromatique chaude*, 1911-1912. Huile sur toile, 84 × 128 cm. Paris, musée national d'Art moderne – Centre Georges-Pompidou. www.centrepompidou.fr

František Kupka (1871-1957), *Étude pour Disques de Newton. Étude pour fugue à deux couleurs*, 1911-1912. Gouache et aquarelle sur papier, 32,6 × 25,4 cm. Paris, musée national d'Art moderne – Centre Georges-Pompidou. www.centrepompidou.fr

František Kupka (1871-1957), *Bouillonnement violet*, 1920. Huile sur toile, 79 × 72 cm. Paris, musée national d'Art moderne – Centre Georges-Pompidou. www.centrepompidou.fr

František Kupka (1871-1957), *Musique*, 1930-1932. Huile sur toile, 85 × 93 cm. Paris, musée national d'Art moderne – Centre Georges-Pompidou. www.centrepompidou.fr

George Grosz (1893-1959), *Portrait de Walter Mehring*, 1926. Huile sur toile, 90 × 80 cm. Anvers, musée des Beaux-Arts. www.kmska.be/nl/

Vassily Kandinsky (1866-1944), *Improvisation XIV*, 1910. Huile sur toile, 74 × 125,5 cm. Paris, musée national d'Art moderne – Centre Georges-Pompidou. www.photo.rmn.fr

Alexej von Jawlensky (1864-1941), *Variation*, vers 1920. Huile sur toile, 38 × 27 cm. Paris, musée national d'Art moderne – Centre Georges-Pompidou. www.centrepompidou.fr

Franz Marc (1880-1916), *Kämpfende Formen* (« Formes combattantes »), 1914. Huile sur toile, 91 × 131,5 cm. Munich, Pinakothek der Moderne, Sammlung Moderne Kunst. www.pinakothek.de/lightbox?nid=22414

Robert Delaunay (1885-1941), *Formes circulaires, Soleil n° 2*, 1912-1913. Peinture à la colle sur toile, 100 × 68,5 cm. Paris, musée national d'Art moderne – Centre Georges-Pompidou. www.centrepompidou.fr

Morgan Russell (1886-1953), *Sketch for 'Synchromie en bleu-violace'* (« Esquisse pour *Synchromie en bleu-violacé* »), vers 1913. Huile sur toile, 33,1 × 24 cm. Los Angeles County Museum of Art. www.lacma.org/

Stanton Macdonald-Wright (1890-1973), *La prophétie (Suite-sommeil 2)*, 1955. Huile sur toile, 122 × 91,5 cm. Paris, musée national d'Art moderne – Centre Georges-Pompidou. www.photo.rmn.fr

Max Weber (1881-1961), *Intérieur avec musique*, 1915. Huile sur toile, 152,4 × 101,6 cm. New York, Forum Gallery. http://forumgallery.com

Georgia O'Keeffe (1887-1986), *Red, Yellow and Black Streak* (« Stries rouge, jaune et noire »), 1924. Huile sur toile, 101,3 × 81,3 cm. Paris, musée national d'Art moderne – Centre Georges-Pompidou. www.centrepompidou.fr

Joseph Stella (1877-1946), *Der Rosenkavalier* (« Le chevalier à la rose »), 1913-1914. Huile sur toile, 61 × 76,2 cm. New York, Whitney Museum of American Art. http://whitney.org

Francis Picabia (1879-1953), *La musique est comme la peinture*, 1914-1917. Aquarelle et gouache sur bois, 122 × 66 cm. Collection Manoukian, Paris. http://www.mti.dmu.ac.uk/~ahugill/writings/TechimaginFRENCH.htm

Man Ray (1890-1976), *The Rope Dancer Accompanies Herself with Her Shadows*, 1916. Huile sur toile, 132,1 × 186,4 cm. New York, The Museum of Modern Art. www.moma.org

Man Ray (1890-1976), *Symphony Orchestra*, 1916. Huile sur toile, 132,8 × 91,4 cm. Buffalo, Albright-Knox Art Gallery. www.albrightknox.org

Luigi Russolo (1885-1947), *Automobile in corsa* (« Dynamisme d'une automobile »), 1912-1913. Huile sur toile, 106 × 140 cm. Paris, musée national d'Art moderne – Centre Georges-Pompidou. www.centrepompidou.fr

Umberto Boccioni (1882-1916), *La città che sale* (« La ville qui monte »), 1910-1911. Huile sur toile, 199,3 × 301 cm. New York, The Museum of Modern Art.www.moma.org

Félix Del Marle (1889-1952), *Le port*, 1913-1914. Huile sur toile, 81 × 65 cm. Valenciennes, musée des Beaux-arts. www.photo.rmn.fr

Gino Severini (1883-1966), *La danse du « pan-pan » au Monico*, 1909-1911/ 1959-1960. Huile sur toile, 280 × 400 cm. Réplique d'artiste (1959-1960) exécutée à Rome d'après la peinture originale (1909-1911), disparue depuis 1926. Paris, musée national d'Art moderne – Centre Georges-Pompidou. www.centrepompidou.fr

George Grosz (1893-1959), *Metropolis*, 1916-1917. Huile sur toile, 100 × 102 cm. Madrid, Museo Thyssen-Bornemisza. www.museothyssen.org/en/thyssen/home

Jean Tinguely (1925-1991), *Klamauk*, 1979. Encre de Chine, feutre, crayon, pastel gras, peinture acrylique sur papier contrecollé sur carton, 45 × 63 cm. Paris, musée national d'Art moderne – Centre Georges-Pompidou. www.centrepompidou.fr

Piet Mondrian (1872-1944), *Broadway Boogie Woogie*, 1942-1943. Huile sur toile, 127 × 127 cm. New York, The Museum of Modern Art. www.moma.org

X Carré noir et bruit blanc

Kasimir Malevitch (1879-1935), *Carré noir*, 1923-1930. Huile sur plâtre, 36,7 × 36,7 × 9,2 cm. Paris, musée national d'Art moderne – Centre Georges-Pompidou. www.centrepompidou.fr

Kasimir Malevitch (1878-1935), *Blanc sur blanc*, 1918. Huile sur toile, 79,4 × 79,4 cm. New York, The Museum of Modern Art. www.moma.org

Mikhaïl Matiouchine (1861-1934), *Construction picturo-musicale*, 1918. Gouache sur carton, 51,4 × 63,7 cm. Thessalonique, State Museum of Contemporary Art, Costakis Collection. www.greekstatemuseum.com/kmst/index.html

Robert Rauschenberg (1925-2008), *White Painting (Three Panel)*, 1951. Huile sur toile, 182, 8 × 274, 3 cm. San Francisco, San Francisco Museum of Modern Art. www.sfmoma.org/artwork/25855

Henri Matisse (1869-1954), *Intérieur au violon*, 1917-1918. Huile sur toile, 116 × 89 cm. Copenhague, Statens Museum for Kunst. www.smk.dk

Mark Rothko (1903-1970), *N° 14 (Browns over Dark)*, *« N° 14 (Bruns sur sombre) »*, 1963. Huile et acrylique sur toile, 228,5 × 176 cm. Paris, musée national d'Art moderne – Centre Georges-Pompidou. www.centrepompidou.fr

Barnett Newman (1905-1970), *Not There-Here* (« Pas là-bas ici »), 1962. Huile et caséine sur toile, 198 × 89,4 cm. Paris, musée national d'Art moderne – Centre Georges-Pompidou. www.centrepompidou.fr

Henri Matisse (1869-1954), *Porte-fenêtre à Collioure*, 1914. Huile sur toile, 116,5 × 89 cm. Paris, musée national d'Art moderne – Centre Georges-Pompidou. www.centrepompidou.fr

Indications bibliographiques

ADORNO, Theodor W., *L'art et les arts*, textes réunis, traduits et présentés par Jean Lauxerois, Paris, Desclée de Brouwer, 2002.

– , *Sur quelques relations entre musique et peinture*, Paris, La Caserne, 1995.

APOLLINAIRE, Guillaume, *Chroniques d'art 1902-1918*, textes réunis avec préface et notes par L.-C. Breunig, Paris, Gallimard, coll. « Folio Essais », 1993.

ARASSE, Daniel, « La femme dans le coffre [Titien] », *On n'y voit rien. Descriptions*, Paris, Denoël, 2005, p. 97-131.

– , *L'ambition de Vermeer*, Paris, Adam Biro, 2001.

ARISTOTE, *De l'âme*, traduction, présentation, notes et bibliographie par Richard Bodéüs, Paris, GF Flammarion, 1993.

Aux origines de l'abstraction, 1800-1914, Paris, Éditions de la Réunion des musées nationaux, 2003.

BALZAC, Honoré de, *Sarrasine, Gambara, Massimilla Doni*, édition présentée, établie et annotée par Pierre Brunel, Paris, Gallimard, coll. « Folio Classique », 1995.

BARTHES, Roland, « Écoute », *L'obvie et l'obtus. Essais critiques III*, Paris, Seuil, coll. « Essais », 1982, p. 217-230.

BEAUSSANT, Philippe, *Passages. De la Renaissance au Baroque*, Paris, Fayard, 2006.

BLANC-GATTI, Charles, *Sons et couleurs*, Paris et Neuchâtel, Éditions Victor Attinger, s. d.

BOÈCE, *Traité de la musique* [*De institutione musica*], Introduction, traduction et notes par Christian Meyer, Turnhout (Belgique), Brepols, 2004.

BOSSEUR, Jean-Yves, *Musique et arts plastiques. Interactions au XXe siècle.* Paris, Minerve, [1998], 2006.

BOULEZ, Pierre, *Le pays fertile. Paul Klee*, texte préparé et présenté par Paule Thévenin, Paris, Gallimard, 1989.

– , *Penser la musique aujourd'hui*, Paris, Denoël/Gonthier, 1963.

BROWN, Earle, « Sur la forme », *Musique en jeu*, n° 3, 1971, p. 29-44.

BUSSOTTI, Sylvano, *Nudi, ritratti e disegnini*, Roma, il Polittico, 1991.

CAGE, John, *Silence.* Conférences et écrits, traduit de l'anglais par Vincent Barras, Genève, Éditions Héros-Limite, 2003.

CARRINGTON, Leonora, *Le cornet acoustique*, traduit de l'anglais par Henri Parisot, Paris, GF Flammarion, 1983.

CISTERNINO, Nicola, *Graffiti sonori*, Luna Editore, La Spezia, 1997.

CLAUDEL, Paul, *L'œil écoute*, Paris, Gallimard, coll. « Folio Essais », 1990.

DAHLHAUS, Carl, « La construction du disharmonique. À propos des théories artistiques de Schoenberg et de Kandinsky », *Schoenberg*, Genève, Éditions Contrechamps, 1997, p. 239-245.

DEBUSSY, Claude, *Monsieur Croche et autres écrits*, Paris, Gallimard, 1971.

DELACROIX, Eugène, *Journal*, nouvelle édition intégrale établie par Michèle Hannoosh, Paris, José Corti, 2009.

DELEUZE, Gilles et GUATTARI, Félix, « 1730 – Devenir-intense, devenir-animal, devenir-imperceptible… », *Mille plateaux*, Paris, Les Éditions de Minuit, 1980, p. 284-380.

DENIZEAU, Gérard, *Musique & arts visuels*, Paris, Éditions Champion, 2004.

DIDEROT, [Denis], *Lettres sur les aveugles à l'usage de ceux qui voient. Lettres sur les sourds et les muets à l'usage de ceux qui entendent et qui parlent*, Paris, GF Flammarion, 2000.

– , *Salons*, Paris, Gallimard, coll. « Folio classique », 2008.

DUSAPIN, Pascal, *Composer. Musique, paradoxe, flux*, Paris, Collège de France/Fayard, 2007.

FELDMAN, Morton, *Écrits et paroles*, précédés d'une monographie par Jean-Yves Bosseur, Paris, L'Harmattan, 1998.

[Fluxus] FEUILLIE, Nicolas (éd.), *Fluxus dixit. Une anthologie*, Dijon, Les presses du réel, 2002.

FROMENTIN, Eugène, *Les maîtres d'autrefois*, Bâle, Les Éditions Holbein, 1947.

GOETHE, [Johann Wolfgang von], *Écrits sur l'art*, Textes choisis, traduits et annotés par Jean-Marie Schaeffer, Paris, GF-Flammarion, 1996.

HALDEMANN, Matthias (Hrsg.), *Harmonie und Dissonanz. Gerstl, Schönberg, Kandinsky. Malerei und Musik im Aufbruch*, Hatje Cantz Verlag, Kunsthaus Zug und Autoren, Ostfildern 2006.

HAUER, Josef Matthias, *L'essence du musical. Du melos à la timbale. Technique dodécaphonique*, trad. française de Robert Losno, avec la collaboration d'Alain Fourchotte, Nice, Publications de la Faculté des lettres de Nice, 2000.

HAUSMANN, Raoul, *Sensorialité excentrique*, Dijon, Les presses du réel, 2002.

HENCK, Herbert, « Le son du silence : *4'33''* de John Cage », *Musiques nord-américaines*, Revue Contrechamps n° 6, avril 1986, Lausanne, L'Âge d'Homme, 1986, p. 75-78.

HESSE, Hermann, *Le dernier été de Klingsor*, traduit de l'allemand par Edmond Beaujon, Paris, Le Livre de Poche, 1977.

HIGGINS, Dick, *Postface. Un journal critique de l'avant-garde*, Dijon, Les presses du réel, 2006.

[HINDEMITH] SCHAAL, Suzanne und STORM-RUSCHE, Angelika (Hrsg.), *Paul Hindemith. Der Komponist als Zeichner. The Composer as graphic Artist*, Atlantis Musikbuch-Verlag, Zürich und Mainz, 1955.

HOFFMANN, [E. T. A.], *Kreisleriana*, traduit de l'allemand par Albert Béguin, Paris, Gallimard, coll. « Les Classiques allemands », 1949.

HUELSENBECK, Richard, *En avant dada. Histoire du dadaïsme*, Dijon, Les presses du réel, 2000.

ITTEN, Johannes, *Art de la couleur*, Paris, Dessain et Tolra/VUEF, 2001.

JIMENEZ, Marc et SCARPETTA, Guy, « Les zones de défi », *in* « D'un art à l'autre. Les zones de défi », *Inharmoniques* n° 5, Paris, Éditions du Centre Georges-Pompidou, Christian Bourgois, Ircam, 1989.

KAGEL, Mauricio, *Hochzeitstagebuch*, Wolke Verlag, Hofheim 2008.

KANDINSKY, [Vassily], *Du Spirituel dans l'art, et dans la peinture en particulier*, Paris, Gallimard, coll. « Folio Essais », 1989.

– , *Point et ligne sur plan. Contribution à l'analyse des éléments de la peinture*, Paris, Gallimard, coll. « Folio Essais », 1991.

– , *Regards sur le passé* et autres textes, 1912-1922, Paris, Hermann, Collection Savoir, 1974.

KEROUAC, Jack, *Mexico City Blues*, transposé de l'américain par Pierre Joris, Paris, Christian Bourgois, 1976.

KLEE, Paul, *Journal*, Paris, Grasset, 1959. (*Tagebücher von Paul Klee 1898-1918*, DuMont Buchverlag, Köln 1957.)

– , *Théorie de l'art moderne*, Genève, Éditions Gonthier, 1968.

[Klee] GREITHER, Aloys, « Der Geiger Paul Klee – und seine Instrumente. Die musikalische Entwicklung des großen Malers – Faible für "alte Italiener" », « *Neue Musikzeitung* », Juni/Juli 1981.

[Klee] *Klee et la musique.* Catalogue de l'exposition du Centre Georges-Pompidou/Musée national d'art moderne, Paris, 1985.

[Klee] GLAESEMER, Jürgen, Paul Klee Stiftung, Kunstmuseum Bern, *Paul Klee. Beiträge zur bildnerischen Formlehre*. Faksimilierte Ausgabe des Originalmanuskripts von Paul Klees erstem Vortragszyklus am staatlichen Bauhaus Weimar 1921/22, Schwabe & Co. Ltd, Basel 1979. En français : *Paul Klee, Cours du Bauhaus. Weimar 1921-1922. Contributions à la théorie de la forme picturale*, traduit de l'allemand par Claude Riehl, Éditions des Musées de Strasbourg, 2004/Paris, Éditions Hazan, 2004.

[Klee] Catalogue l'exposition « Paul Klee. Melodie und Rhythmus », Zentrum Paul Klee, Bern, 9. September-12. November 2006, Ostfildern, Hatje Cantz, Bern, Zentrum Paul Klee, 2006.

[Klee] *Paul Klee (1879-1940) Polyphonies*, édition Marcella Lista, Actes Sud/Cité de la musique, Arles, 2011.

KLEIST, Heinrich von, « Sainte Cécile ou la puissance de la musique », traduit de l'allemand par Pierre Deshusses, *Récits* (Œuvres complètes, tome II), Paris, Gallimard, coll. « Le Promeneur », 2000, p. 187-200.

KUPKA, F[rantišek], *La création dans les arts plastiques*, texte et traduction par Erika Abrams, Paris, Éditions Cercle d'Art et Karl Flinker, coll. « Diagonales », 1989.

LAUXEROIS, Jean et SZENDY, Peter (textes réunis et présentés par), *De la différence des arts*, Paris, L'Harmattan, Ircam/Centre Georges-Pompidou, 1997.

LEIBNIZ, Gottfried Wilhelm, *Nouveaux Essais sur l'entendement humain*, Paris, GF Flammarion, 1990.

LÉONARD DE VINCI, *Carnets*, préface de Paul Valéry, Paris, Gallimard, 1942, 2 tomes.

– , *Traité de la peinture*, traduit, complété et commenté par Peladan, Paris, Librairie Delagrave, 1934.

LESSING, [Gotthold Ephraim], *Laocoon ou Des frontières de la peinture et de la poésie*, Avant-propos de Hubert Damisch, traduction française de Courtin (1866), revue et corrigée, Paris, Hermann, 1990.

LÉVI-STRAUSS, Claude, *Le cru et le cuit*, Paris, Plon, [1964], 2009.

LIGETI, Gÿorgy, « Nouvelle notation. Moyen de communication ou but en soi ? », *Neuf Essais sur la musique*, Genève, Contrechamps, 2001.

LISZT, Franz, « Lettres d'un bachelier es musique [*sic*] », *in* Stricker, Rémy (éd.), *Franz Liszt, Artiste et société*, Paris, Flammarion, coll. « Harmoniques », 1995.

MÂCHE, François-Bernard, *Musique, mythe, nature* ou *Les dauphins d'Arion*, Paris, Méridiens Klincksieck, 1991.

MALEVITCH, Kazimir, *Écrits*, présentés par Andréi Nakov, Paris, Éditions Ivrea, 1996.

MAUR, Karin von (Hrsg.), *Vom Klang der Bilder. Die Musik in der Kunst des 20. Jahrhunderts*, Prestel-Verlag, München, 1985.

MERSENNE, Marin, *Traité de l'harmonie universelle*, Paris, Fayard, 2003.

METZGER, Heinz-Klaus, « Schönberg und Kandinsky. Ein Beitrag zum Verhältnis von Musik und Malerei », *Musik wozu. Literatur zu Noten* (Rainer Riehn Hrsg.), Suhrkamp Verlag, Frankfurt am Main, 1980, p. 181-207.

MIRIMONDE, A[lbert] P[omme] de, *L'iconographie musicale sous les rois Bourbons. La musique dans les arts plastiques (XVIIe-XVIIIe siècles)*, Paris, Éditions A. & J. Picard, 1975, 2 tomes.

MONDRIAN, Piet, « Le Néo-Plasticisme. Sa réalisation dans la musique et au théâtre futur », *Écrits français*, Paris, Éditions du Centre Pompidou, 2010, p. 85-104.

NECTOUX, Jean-Michel, *Harmonie en bleu et en or. Debussy, la musique et les arts*, Paris, Fayard, 2005.

NIETZSCHE, [Friedrich], *La naissance de la tragédie*, Œuvres I, Paris, Gallimard, Bibliothèque de la Pléiade, 2000.

NORDAU, Max, *Dégénérescence*, traduit de l'allemand par Auguste Dietrich, Paris, Max Milo Éditions, 2006.

[Notation] AMELUNXEN, Hubertus von, APPELT, Dieter und WEIBEL, Peter (Hrsg), *Notation. Kalkül und Form in den Künsten*, Akademie der Künste, Berlin, ZKM, Karlsruhe, 2008.

[Notation] KARKOSCHKA, Erhard, *Das Schriftbild der Neuen Musik. Bestandsaufnahme neuer Notationssymbole. Anleitung zu deren Deutung, Realisation und Kritik*, Hermann Moeck Verlag, Celle, 1966.

PANIZZA, Oskar, *Le crapaud jaune* et autres récits, traduit de l'allemand par Pierre Gallissaires, Paris, Ludd, 1996.

PAULHAN, Jean, *La peinture cubiste*, Paris, Gallimard, coll. « Folio Essais », 1990.

RAULT, Lucie, *Musiques de la tradition chinoise*, Arles, Cité de la musique/Actes Sud, 2000.

ROSSET, Clément, *L'objet singulier*, Paris, Les Éditions de Minuit, 1979.

RUSSOLO, Luigi, *L'art des bruits*, textes établis et présentés par Giovanni Lista, traduits de l'italien par Nina Sparta, Lausanne, l'Âge d'Homme, 1975.

SCHAFER, R. Murray, *Le paysage sonore*, traduit de l'anglais par Sylvette Gleize, Paris, J.-C. Lattès, 1979.

SCHLEGEL, August Wilhelm, *La doctrine de l'art. Conférences sur les belles lettres et l'art*, traduit de l'allemand par Marc Géraud et Marc Jimenez, Paris, Klincksieck, 2009.

SCHNEIDER, Marius, « Le rôle de la musique dans la mythologie et les rites des civilisations non européennes », *Histoire de la musique*, Paris, Gallimard, Bibliothèque de la Pléiade, 1960, tome I, p. 131-214.

SCHWITTERS, Kurt, ***i*** *(manifestes théoriques & poétiques)*, traduit de l'allemand par Marc Dachy et Corinne Graber, Paris, Éditions Ivréa, 1994.

SCIARRINO, Salvatore, *Le figure della musica da Beethoven a oggi*, Milano, Casa Ricordi, 1998.

SCRIABINE, Alexandre, *Notes et réflexions*, Paris, Klincksieck, 1979.

SEGALEN, Victor, *Les synesthésies et l'école symboliste*, Montpellier, Éditions Fata Morgana, coll. « Explorations », 1981.

SHAW, Bernard, « Quand Ruskin parle de musique », « Écrits sur la musique, 1876-1950 », Laffont, coll. « Bouquins », 1994, p. 1002-1008.

Sons & Lumières. Une histoire du son dans l'art du XXe siècle. Catalogue de l'exposition du Centre Pompidou, Paris, Éditions du Centre Pompidou, 2004.

SOULAGES, Pierre, *Noir lumière*, Entretiens avec Françoise Jaunin, Renens, Bibliothèque des Arts, 2002.

THOREAU, Henry-David (*sic*), *Un philosophe dans les bois*. Journal de Thoreau, traduit de l'anglais par R. Michaud et S. David, Paris, Boivin & Cie, Éditeurs, s. d. [1930].

VASARI, Giorgio, *Vies des artistes*, Paris, Grasset, coll. « Les Cahiers rouges », 2007.

WACKENRODER, Wilhelm Heinrich et Tieck, Ludwig, *Épanchements d'un moine ami des arts* suivi de *Fantaisies sur l'art*, Paris, José Corti, 2009.

WAGNER, Richard, « Lettre sur la Musique », *Quatre Poèmes d'Opéras*, Paris, Mercure de France, 1941, p. 11-110.

Index

C

H

I

J

L

R

S

Table

Composé par Nord Compo Multimédia
7, rue de Fives, 59650 Villeneuve-d'Ascq

PAPIER À BASE DE
FIBRES CERTIFIÉES

Fayard s'engage pour l'environnement en réduisant l'empreinte carbone de ses livres. Celle de cet exemplaire est de :
0,950 kg éq. CO_2
Rendez-vous sur
www.fayard-durable.fr

Achevé d'imprimer
par Dupli-Print à Domont (95)
en juin 2016

36-3241-1/04
Dépôt légal : avril 2012
N° d'impression : 2016062007

Imprimé en France